# 全面从严治党

## 职责与实践探索

—— 调 研 卷 ——

中央纪委国家监委新闻传播中心 ◎ 主编

人民出版社

# 目　录

## 第一部分　强化政治监督

## 第二部分　深化纪检监察体制改革

# 第三部分 做实监督第一职责

# 第四部分 深入推进作风建设

## 第五部分　一体推进不敢腐、不能腐、不想腐

## 第六部分　推进全面从严治党向基层延伸

# 第一部分
# 强化政治监督

# 一、在大是大非面前必须立场坚定 *

## ——广东省关于严明政治纪律和政治规矩情况的调研

政治纪律和政治规矩是党的各级组织和全体党员在政治方向、政治立场、政治言论、政治行为方面的基本规范，是确保党的团结统一、实现党的奋斗目标的重要保证。

习近平总书记多次强调严明政治纪律和政治规矩的极端重要性，指出"党的纪律是多方面的，但政治纪律是最重要、最根本、最关键的纪律，遵守党的政治纪律是遵守党的全部纪律的重要基础"。他在十九届中央纪委三次全会上发表重要讲话再次强调："要严守政治纪律，在重大原则问题和大是大非面前，必须立场坚定、旗帜鲜明。"

十九届中央纪委三次全会公报指出，强化对践行"四个意识"，贯彻党章和其他党内法规，执行党的路线方针政策和决议情况的监督，督促党员领导干部把"两个维护"落实在实际行动上。严明政治纪律和政治规矩，深化集中整治形式主义、官僚主义成果。

## 严明政治纪律和政治规矩的实践

近年来，广东省委认真贯彻中央部署，全面加强党的政治建设，在坚决维护习近平总书记党中央的核心、全党的核心地位，坚决维护党中央权威和

---

\* 广东省纪委专题调研组。

集中统一领导上旗帜鲜明、态度坚决、行动有力，把严明政治纪律和政治规矩摆在更加突出的位置来抓，推动各级党组织和党员干部不断提高政治站位，增强严守政治纪律和政治规矩的自觉性。

坚决维护习近平总书记党中央的核心、全党的核心地位，坚决维护党中央权威和集中统一领导。把学习宣传贯彻习近平新时代中国特色社会主义思想和党的十九大精神作为首要政治任务和最重要的"纲"，对学习宣传贯彻工作进行专题动员部署，在全省开展"大学习、深调研、真落实"活动，要求各级党组织和广大党员干部增强"四个意识"、坚定"四个自信"、做到"两个维护"。

突出抓好全面彻底肃清李嘉、万庆良恶劣影响工作。省委把全面彻底肃清李嘉、万庆良恶劣影响工作作为重大政治任务和政治考验，要求全省县级以上单位党组织召开全面彻底肃清李嘉、万庆良恶劣影响专题民主生活会，深挖细查是否存在违反政治纪律和政治规矩问题，深入剖析检查。明确提出"三个决不允许"的要求，即在广东大地上决不允许搞政治阴谋，危害党中央权威；决不允许拉帮结派，搞团团伙伙，搞圈子文化、码头文化；决不允许政商勾结，形成利益集团。

严格日常教育管理监督。以"四个意识"为政治标杆，强化巡视巡察的政治监督作用。坚持不懈开展对党员干部的纪律教育，强化党员干部党章意识、政治纪律和政治规矩意识。严把选人用人政治关、品行关、作风关、廉洁关。2018 年，省纪委共办理干部党风廉政意见回复 1722 人次，对政治上有问题的一票否决，以强烈的使命感担当起确保选对人、用好人的政治责任。

强化政治纪律的执纪问责。严肃查处违反政治纪律和政治规矩案件，严肃处理了一些对党不忠诚不老实、理想信念动摇的党员干部。围绕贯彻党中央决策部署加强监督检查，推动各级党组织和领导干部落实好防范化解重大风险、精准脱贫、污染防治三大攻坚战的政治责任，落实好意识形态工作责任制。当前，全省各级党组织和广大党员干部政治纪律和政治规矩意识明显增强，党内政治生态明显好转，改革发展的政治环境明显优化。

# 一些地方存在的突出问题

有的领导干部党的观念淡漠，甚至与党离心离德。党员领导干部本应该带头做到在党爱党、在党言党、在党为党，把尊崇党章作为最根本、最重要的政治纪律，但少数党员领导干部与党离心离德，在党内搞非组织活动，严重背离党章要求、违反政治纪律和政治规矩。有的党员领导干部对党不忠诚不老实，搞两面派、做"两面人"。如，省直某单位原领导，经常外出作廉政报告，暗地里却大搞腐败，借担任某工程廉洁风险防控领导小组负责人之便推荐包工头，任由包工头围标串标。

有的领导干部"四个自信"没有筑牢，理想信念动摇。有的世界观、人生观、价值观全面蜕变。有的长期向组织隐瞒自己的"裸官"身份，崇洋媚外，认为共产主义是"过了时的标签"。有的信奉"政治上的位子是阶段性的，经济上的实惠才是长期的"，认为"一定要积聚足够的财富，即使官位丢了，仍可过上富足的物质生活"。

有的不信马列信鬼神，修活人墓、布风水局，请大师赐名、算命。如，粤西某市一党员干部多次邀请"风水师"到其办公室看风水，根据"风水师"意见更改相关单位大门朝向。

贯彻中央决策部署方面存在不坚定、打折扣、简单应付等问题。党中央作出的决策部署，各级党组织都必须坚决贯彻执行。从巡视巡察发现的问题和纪律审查案例看，有的地方和单位表态多调门高、行动少落实差，空泛表态、应景造势、敷衍塞责、出工不出力的问题严重。巡视发现，一些乡镇在扶贫攻坚工作中，不是把功夫下在认真研究解决贫困群众的实际困难上，而是注重如何迎接检查考评，反复强调做工作要"留痕迹""留证据"。有的职能部门履职不力，甚至监守自盗。如，粤东某县就有 5000 多万元的低保资金因长期闲置被省财政厅收回；粤北某县扶贫办违规挪用扶贫资金和扶贫工作经费 200 多万元。

圈子文化、码头文化、拉帮结派问题时有发生。从审查调查的情况看，不少严重违纪违法的领导干部背后都有一个派系或小圈子，圈子里政治问题和经济问题相互交织，政商关系复杂，政治上相互依靠、经济上互为利用，大搞权权交易、权钱交易。如某市系列腐败案件中，该市多名党员干部涉案，私企老板公然干涉选人用人，政治生态遭到严重破坏。

逃避监督甚至抵制监督的现象仍比较突出。调研显示，省纪委查处的一些移送司法机关的案件中，多有对抗组织审查的问题。有的搞假结婚、假离婚，假收据、假借条，假身份证、假护照；有的互相串供、搞攻守同盟，把重要涉案人送到国（境）外玩"失踪"；有的恐吓、威胁举报人，想尽一切办法对抗组织审查。在巡视工作方面，前些年干扰阻挠巡视的问题时有发生，有的派人打听巡视工作重点、线索掌握情况，有的搞虚假材料应付巡视检查，有的故意销毁相关档案材料，有的派人对巡视组干部搞跟踪，更有甚者直接威胁、恐吓巡视组干部。在报告个人有关事项方面，在中央三令五申强调如实向组织报告有关事项的背景下，仍然有不少党员领导干部报告个人事项不认真、不严肃、不老实。

## 严明政治纪律和政治规矩的对策建议

强化监督检查，把维护以习近平同志为核心的党中央权威和集中统一领导作为首要任务。加强对党章和新形势下党内政治生活若干准则执行情况的监督检查，督促各级党组织和党员干部牢固树立党的观念和党章意识。把坚持和加强党的全面领导、维护党中央权威落实到纪律建设、监督执纪、巡视巡察、责任追究各个环节。

认真落实上级党委书记约谈下级党组织主要负责同志制度，在约谈中明确提出严明政治纪律和政治规矩的要求。建立"七个有之"问题处置报告制度，督促各级党组织和党员领导干部对涉及"七个有之"问题高度警觉、坚决斗争，并将处置情况及时向上级党组织和纪检机关报告。对有关党组织、纪检监察机关在严明政治纪律和政治规矩中失职失责的，要严肃追究责任。

严明政治纪律和政治规矩。持续巩固深化肃清李嘉、万庆良恶劣影响的成果，扎实开展圈子文化、官商勾结专项整治，坚决铲除山头主义、官商勾结、权钱交易的滋生土壤，坚决落实"三个决不允许"要求。对全省涉及违反政治纪律和政治规矩的案件线索进行排查，重点查处 8 类问题：一是在党内搞团团伙伙、拉帮结派、培植私人势力的；二是妄议党中央大政方针，破坏党的集中统一，利用讲座、论坛、报告会、座谈会发表违背党的基本理论、基本路线、基本方略言论观点的；三是对党不忠诚不老实，欺上瞒下、弄虚作假，阳奉阴违、口是心非的；四是以地域地缘为基础形成复杂胶着的政商势力的；五是理想信念动摇，组织或参加迷信活动的；六是在民主推荐、民主测评、组织考察和党内选举、依法选举中搞拉票、助选等非组织活动的；七是违反干部选拔任用规定，搞任人唯亲、以人划线的；八是涉黑涉恶或充当黑恶势力"保护伞"的。

持续深化政治巡视巡察。聚焦贯彻党章和其他党内法规，执行党的路线方针政策和决议情况的监督，督促党员干部把"两个维护"落实在实际行动上。紧盯"七个有之"问题和贯彻落实党中央重大决策部署搞形式主义、官僚主义的问题，深化政治巡视巡察，在巡视巡察报告中专门列明被巡视巡察党组织及领导班子成员是否涉及上述问题。纪检监察机关对巡视巡察移交的上述问题线索，要优先处置，对核实的问题及时严肃处理。

严把选人用人关。严格执行党政领导干部选拔任用工作条例的相关规定，落实好相关制度要求，推行政治审查和廉洁把关"双签字"，坚决防止干部"带病提拔"。认真落实党中央"纪检监察机关意见必听，线索具体的信访举报必查"的要求，对政治上有问题的"一票否决"。扎实做好基础工作，动态更新干部廉政档案资料库，并逐步覆盖到后备干部。

强化政治纪律和政治规矩警示教育。继续办好党章党规党纪教育培训班和纪律教育学习活动，把严明政治纪律和政治规矩作为教育培训的重要内容。凡查处的党员领导干部严重违反政治纪律和政治规矩案件，都要在其所在地区部门单位开展警示教育，用好反面教材，举一反三、以案明纪，让党员干部引为镜鉴。

# 二、将旗帜鲜明讲政治贯穿始终 *

## ——关于聚焦"两个维护"强化政治监督的实践与思考

十九届中央纪委三次全会强调，要"坚决维护习近平总书记党中央的核心、全党的核心地位，坚决维护党中央权威和集中统一领导，切实加强政治监督"。

纪检监察机关作为政治机关，旗帜鲜明讲政治是第一位的要求，这也决定了纪检监察监督首先就是聚焦"两个维护"强化政治监督。

2019年，四川省成都市纪委监委按照"不忘初心、牢记使命"主题教育统一安排开展专题调研，全面总结全市纪检监察机关聚焦"两个维护"强化政治监督的实践探索，深入分析问题难点，切实提出对策建议。

## 开展政治监督的实践经验

以监督明底线，严明政治纪律和政治规矩。坚持将严明政治纪律和政治规矩作为政治监督重点，以党的政治建设为统领，强化对践行"四个意识"、贯彻党章和其他党内法规、执行党的路线方针政策和决议情况的监督检查和专项巡察，切实发现问题、整改问题，推动全市党员干部深刻认识、严格遵守"两个维护"这一首要政治纪律。刚性执行《中国共产党纪律处分条例》，切实增强政治敏锐性和政治鉴别力，紧盯违反政治纪律的行为，坚持"五个必须"，将"七个有之"问题作为监督检查和审查调查的重点内容，把政治

---

* 王川红，四川省成都市委常委、市纪委书记、市监委主任。

上蜕变的"两面人"及时辨别出来、清除出去。不折不扣执行《关于新形势下党内政治生活的若干准则》，强化对民主集中制、"三会一课"、民主生活会、谈心谈话、党务公开等制度执行情况的监督检查，督促各级党组织开展党内政治生活状况评估。

以监督强执行，确保重大决策部署落实。聚焦重大决策部署强化联动监督，加大对党中央和省委、市委重大决策部署贯彻落实情况的监督检查力度，梳理重点项目清单，强化统筹协调、整体联动，聚焦项目推进情况等开展监督检查，紧盯重点项目推进情况强化一线监督，采取务实有效措施开展政治监督，并通过深化政治巡察，有力推动问题解决、工作落实。紧盯营商环境建设强化专项监督，聚焦深化"放管服"改革、规范税收执法、健全"双随机、一公开"综合监管机制等国际化营商环境建设工作部署的落地落实、强化针对性监督检查。

以监督扬正气，持续涵养良好政治生态。坚持从政治上把握和落实中央八项规定精神，强化对违反中央八项规定精神问题的查处和曝光，深挖细查"四风"问题隐形变异，坚决防止反弹回潮，持续深入开展形式主义、官僚主义集中整治。坚持有贪肃贪、有腐反腐，有力削减存量、有效遏制增量，深化运用"四种形态"，注重谈话和函询相结合，健全谈话函询抽查核实机制，加强对函询结果的分析研判，坚决防止"一谈了之""一函了之"。探索建立廉政档案管理系统，通过分层分类开展谈心谈话、问题线索起底以及综合运用述责述廉报告、民主生活会对照检查材料、巡视巡察反馈情况等，积极探索对监督对象的"精准画像"和对被监督单位政治生态的准确研判。

以监督聚民心，不断夯实党的政治根基。不断压实市县乡村四级党组织主体责任，督促各区（市）县党委、政府和有关职能部门切实担负起组织协调的重大政治任务。深入开展扶贫领域腐败和作风问题专项整治，重点围绕农村低保、危房改造、易地搬迁、"三资"管理等方面存在的贪污侵占、虚报冒领、雁过拔毛、挥霍浪费等问题，坚决严肃查处。持续开展民生领域"微腐败"治理，着力发现基层干部贪污侵占、虚报冒领、截留挪用、优亲厚友等行为。将扫黑除恶同基层"拍蝇"紧密结合，严格"一案双查"，充分利用问责利器，对管党治党责任落实不到位、分管范围出现党员干部和公职人员涉黑涉恶的相关领导干部进行严肃处理，对扫黑除恶专项斗争中出现不作为、慢作为，消极对待、敷衍应付等问题的相关人员严肃追责。

以监督传压力，压实管党治党政治责任。紧盯管党治党政治责任，把推动责任落实作为政治监督的重要政治任务抓实抓细。牢牢牵住主体责任的"牛鼻子"，紧盯"关键少数"，加强监督检查，充分运用纪律检查建议书、监察建议书等，深化述责述廉、强化提醒约谈。全面推动管党治党责任向基层延伸，围绕扶贫、生态环境保护、扫黑除恶专项斗争、中央八项规定精神落实等领域问题，坚持实事求是、依纪依规推进问责；加强对镇村一级的政治监督，联动开展村级政治巡察。

# 政治监督中发现的难点问题

政治监督站位还需进一步提高。有的纪检监察干部政治觉悟和政治站位还不够高，对纪委监委作为政治机关的职能定位把握还不够准，对政治监督的内涵外延有理解不到位的地方。有的纪检监察干部谈到，政治监督意义重大，但落实到具体工作中难度较大。有的派驻机构把政治监督与一般的工作监督等同起来，监督层面放得不够高，没有充分结合自身职责落实政治监督要求。有的基层纪检监察机关开展政治监督的敏锐性还不够强，存在重办案轻监督的倾向。

政治监督对象还需进一步聚焦。有的基层纪检监察干部对政治监督对象的范围把握不准，认识上存在偏差。有的派驻机构开展政治监督重点不够突出，没有紧盯班子成员特别是一把手等"关键少数"，习惯性地把一般干部作为主要监督对象，在促进党员领导干部带头示范落实管党治党政治责任方面存在差距。有的派驻机构落实"三转"要求不到位，代替班子去履行主体责任，导致主体责任虚化、监督责任弱化。有的基层纪检监察机关对"监督的再监督"定位不准，外延性监督太多，影响政治监督效果。

政治监督方式还需进一步完善。有的纪检监察干部创新意识不强，没有及时根据新形势新要求积极探索实践强化政治监督的方式方法，局限于听取汇报、查阅台账资料等传统的监督方式，习惯于用老办法监督新问题。有的纪检监察机关主动争取党委支持不够，关门监督、被动监督，难以推动政治监督落地落实。有的纪检监察干部深化运用监督执纪"四种形态"不够，特别是在运用第一种形态开展日常监督上还存在差距，紧盯苗头性倾向性政治问题不够精准，影响了政治监督抓早抓小的效果。有的纪检监察机关综合运用各类监督方式不够全面系统，在推进纪律监督、监察监督、派驻监督、巡察监督形成合力强化政治监督上发力不足，特别是有效运用巡察监督这个"政治体检"的成果还有待加强。

政治监督能力还需进一步增强。有的纪检监察干部对政治监督的内容要求学习不深、研究不多，不善于从政治上观察、分析和解决问题。有的区（市）县纪委监委干部坦言，在监督过程中就事论事居多，聚焦"两个维护"深挖背后隐藏政治问题的能力还远远不够。有的纪检监察干部离开了问题线索就不会开展监督，在对政治生态"精准画像"的具体操作中面临监督对象不配合、相关部门协同联动不够的情况时，无法精准识别"两面人"。一些基层纪检监察机关在以精准监督强化精准问责方面存在差距，面对一些复杂的问责情况或是职能职责不清晰的涉事部门，在如何提高精准度上措施不够。

## 强化政治监督的意见建议

在强基固本提能上持续用力，不断提高政治站位。要深入学习贯彻习近平新时代中国特色社会主义思想，带头树牢"四个意识"、坚定"四个自信"、做到"两个维护"，切实把准纪委监委作为政治机关的职能定位。要进一步加强对政治监督内涵要求的理解把握，不断在学思践悟中增强政治鉴别力。善于从政治上审视监督检查发现的问题，善于把各种具体工作聚焦到践行"两个维护"上来。不断提升综合运用各种监督方式方法的能力，聚焦党的路线方针政策落实情况等开展政治监督。要敢于开展政治监督，密切关注一切偏离"两个维护"的错误言行，坚决同危害党的团结统一的问题作斗争。

在严明政治纪律上持续用力，坚决消除政治隐患。要紧盯违反政治纪律问题强化政治监督，把做到"两个维护"作为首要政治纪律，紧盯"七个有之"问题，决不允许在重大政治原则问题上同党中央唱反调。切实加强政治巡察，对各级党组织和党员领导干部进行经常性"政治体检"，坚决查处违反政治纪律和政治规矩问题。要紧盯党内政治生活不规范问题强化政治监督，上级机关要指导下级有效开好民主生活会，不断增强党内政治生活的政治性、时代性、原则性和战斗性。要紧盯不良党内政治文化问题强化政治监督，密切关注各级党员干部践行忠诚老实、公道正派等价值观的情况，密切关注庸俗腐朽政治文化的人和事，对苗头性、倾向性问题及时红脸出汗，对产生不良影响的坚决查处。

在服务中心工作上持续用力，扎实提供政治保障。要切实做到党中央重大决策部署到哪里，监督检查就跟进到哪里。紧紧围绕党中央重大决策部署贯彻落实情况，紧紧围绕相关重点工作，持续加大政治巡察和专项监督检查力度，坚持从每一项重大决策部署落实、每一个具体问题解决中检视政治立场和政治站位。要坚持从政治高度审视和破除形式主义、官僚主义，把准集中整治的关键点和突破口，着力发现并督促解决空泛表态、应景造势、敷衍塞责、出工不出力等突出问题。要加大对管党治党政治责任落实情况的监督检查和精准问责力度，紧盯和督促"关键少数"特别是一把手落实全面从严治党主体责任，坚持以责促行，通过政治责任的落实来推动中心工作落实。

在高压正风反腐上持续用力，积极涵养政治生态。将落实中央八项规定精神、纠治"四风"情况作为对党是否政治忠诚的重要检验标准，作为政治监督的重要内容，对歪风陋习、隐形变异问题强化监督、露头就打，决不允许"四风"死灰复燃、反弹回潮。要紧盯不收敛不收手，紧盯政治问题和经济问题相互交织的腐败案件，紧盯重点领域、关键岗位，精准发现问题、精准惩治查处。深化运用监督执纪"四种形态"特别是第一种形态，主动强化日常监督。不断创新监督方式方法，不断强化对监督对象的"精准画像"和对政治生态的准确研判，加强纪律监督、监察监督、派驻监督、巡察监督的协调衔接，特别是深化巡察监督成果等资源共享互用。要聚焦群众身边的腐败和作风问题，紧盯扶贫领域、扫黑除恶等方面的"微腐败"问题，加大监督检查力度，严格依纪依法处理。

# 三、为改革发展营造风清气正大环境 *

## ——关于优化党内政治生态的调研

习近平总书记曾在不同场合多次强调，政治生态同自然生态一样，稍不注意就容易受到污染，一旦出现问题再想恢复就要付出很大代价。形成风清气正的政治生态，是旗帜鲜明讲政治、坚决维护党中央权威和集中统一领导的政治要求，是持之以恒正风肃纪、推动全面从严治党向纵深发展的迫切需要，是锻造优良党风政风、确保改革发展目标顺利实现的重要保障。

近日，江西省南昌市纪委监委课题组对该市政治生态状况开展调研，在为政治生态"精准画像"的基础上，力求找准推进全面从严治党向纵深发展的着力点。

## 当前政治生态状况

各级党委切实发挥"头雁效应"。国家监察体制改革以来，南昌市委示范带动，全市各县区党委书记主动担负起本级"施工队长"的职责，扎实稳步推进改革工作。各级党委认真贯彻落实全面从严治党"两个责任"和"一岗双责"，抓好职责范围内的党风廉政建设工作。建立全面从严治党主体责任抄告制度，定期向市委班子成员抄告其分管领域、分管部门领导班子及其成员落实全面从严治党主体责任中存在的问题，市委主要领导根据抄告问题

---

\* 江西省南昌市纪委监委课题组。

情况，采取提醒约谈等方式，向相关单位党委主要负责人层层传导压实责任。各级纪委监委全面履行监督责任，积极协助党委（党组）推进全面从严治党、加强党风建设和组织协调反腐败工作，加强对各地区各部门各单位党组织履行全面从严治党责任情况的监督检查。

中央八项规定精神落地生根。调研问卷显示，落实中央八项规定精神以来，南昌市党风、政风和社风不断好转。市纪委监委坚持抓常抓长抓严，巩固拓展落实中央八项规定精神成果，持续整治"四风"，把监督检查中央八项规定及实施细则的执行情况作为重点任务和经常性工作，继续紧盯重要时间节点，持续形成震慑。构建作风建设长效机制和立体化监督模式，全市各级党组织常态化落实廉政谈话监督、节日廉情监督、家访政治监督等监督举措，各级纪检监察机关重点抓好函询回复监督、巡察联动监督、廉情画像监督等监督具体办法的落实。各级领导干部纪法意识、廉洁意识明显增强。

能者上庸者下的选人用人机制逐步形成。健全完善以"四看一听"为主体构架的选人用人机制，组织部门在确定初始提名人选时一看实绩，二看公论，三看关键时刻和一贯表现情况，四看巡视巡察和纪检监察部门的掌握情况，并充分听取单位党委和党委主要负责同志及分管领导的意见，保证"忠诚、干净、担当"成为党员干部的价值标准和行为准则。坚持"凡提四必"，即对拟提拔或进一步使用人选做到干部档案"凡提必审"，个人有关事项报告"凡提必核"，纪检监察机关意见"凡提必听"，反映违规违纪问题线索具体、有可查性的信访举报"凡提必查"，对政治上有问题的"一票否决"、廉洁作风有硬伤的坚决排除。

反腐败斗争取得压倒性胜利。始终坚持零容忍态度，有力削减存量、有效遏制增量，对"党的领导弱化、党的建设缺失、全面从严治党不力，维护党的政治纪律和政治规矩失责、贯彻落实中央八项规定精神不力、选人用人问题突出、腐败问题严重、不担当不负责"等问题坚决查处、严肃问责，进一步巩固发展反腐败斗争压倒性胜利。以典型案例为素材，组织拍摄违纪违法警示教育片，在全市领导干部警示教育大会及52个单位播放，反响强烈。2018年，在反腐败高压态势的强大震慑和政策感召之下，全市主动交代问题人数较上一年大幅上升。

# 存在的主要问题

党内政治生活"三化"倾向不容忽视。一是庸俗化倾向。有的党组织落实民主生活会、组织生活会等制度不严格，说工作多、谈思想少，存在以工作情况代替剖析材料的现象；说成绩多、谈问题少；说自己多、批评别人少，维护庸俗的"一团和气"。二是平淡化倾向。有的党组织"三会一课"学习内容浮于表面，对上级文件精神照本宣科，不能紧密联系实际、深入剖析问题。三是形式化倾向。个别党员领导干部经常不参加组织生活，甚至连自己在哪个支部都不清楚。

个别领域违纪违法案件呈现易发多发趋势。一是农村基层党员干部腐败案件呈现易发多发趋势。反映农村信访件的比例呈现上升趋势。二是国企管理人员腐败案件呈现易发多发趋势。市属国有企业仍处于监管薄弱地带，党的建设较为缺失，少数国有企业老总将国企视为其私人领地，权力失控、决策失当、行为失范。三是二级单位腐败案件呈现易发多发趋势。少数部门的二级单位职级不高、权力不小，具有相对独立的行政审批权、财务支配权、行政执法权，成为腐败案件高发地。

腐朽庸俗的不正之风是政治生态的"污染源"。一是关系风。有的地方和部门把制度规定当摆设，明规则不显、潜规则盛行，信奉有熟人好办事，办事习惯性先找人，收受礼品礼金和请托现象不同程度地存在。二是圈子风。少数领导干部拉关系、找门路，以县域圈、战友圈、同学圈等形式搞山头主义、拉帮结派、任人唯亲、排斥异己，把对组织感恩变成对个人感恩，习惯把党的干部看成是某个人的"家臣"。三是吃喝风。少数党员干部热衷于吃吃喝喝、推杯换盏，把酒桌吃喝作为拉近关系、展示权力、解决问题的重要手段。

调研分析，党内政治生活之所以存在"三化"倾向，主要有两方面原因。一是相关工作机制不够健全，出现"牛栏关猫"的现象。党内政治生活中的一些制度原则性较强，能够较好规范约束党员干部，但还需进一步制定完善配套的细则，提升操作性。二是监督首要职责不够聚焦。对下级和一般干部监督的多，对同级党委和"关键少数"监督的少，存在聚焦不够、重心偏移现象，特别是当前个别派驻纪检组存在怕监督的思想，很少向市纪委监委汇报驻在部门班子和班子成员存在的问题。

# 优化政治生态的措施

在强化政治监督上有新认识。要自觉以习近平新时代中国特色社会主义思想为指导，以党的政治建设为统领，强化对树牢"四个意识"、贯彻党章和其他党内法规、执行党的路线方针政策和决议情况的监督，督促党员领导干部把"两个维护"落实在实际行动上，做实做细监督职责。要充分认清只有"两个责任"同时发力，不断推动强化党委主体责任和第一责任人责任，才能确保政治监督作用的有效发挥。

在履行监督职责上有新作为。做实做细监督职责，着力在日常监督、长期监督上探索创新、实现突破。研究落实政治生态综合评估、"一案双查"实施办法及配套制度，通过刚性的责任追究，倒逼"两个责任"层层落实。研究细化监察职能延伸的指导意见，进一步明确机构设置、监察范围、监察权限等，规范监督调查处置流程。理顺监督协作机制，在协调联动、信息共享、推动整改方面实现"最大公约数"，进一步放大纪律监督、监察监督、派驻监督、巡察监督的综合效用。

在落实严管厚爱上有新机制。贯通运用监督执纪"四种形态"。突出谈话函询常态运用，压实主体责任，以落实"两个责任"清单为抓手，加强监督考核；严把适用条件，正确实施谈话函询，不能为了结而简单使用函询处置方式，把好谈话函询呈批、组织实施和监督审查三道环节，严格组织审查，增强谈话函询严肃性，加大对谈话函询类线索的核实力度。提高运用"四种形态"质量，坚持从政治上把握问题，加强审核把关和沟通协调，对事实证据、定性处理、程序手续、涉案款物等严格把关，在量纪把握上，综合考虑"违纪事实、性质和后果，对待组织审查的态度，处理结果可能产生的影响，被审查人一贯表现和自身情况"等因素，保持本地区、本部门类似问题处理适度平衡；重视"四种形态"结果运用，做好情况通报、督促整改、教育警示、长效管理等方面工作。

在保持高压态势上有新进展。紧紧围绕打好防范化解重大风险、精准脱贫、污染防治三大攻坚战开展监督执纪，以高度的政治责任抓好中央、省委、市委巡视巡察反馈问题整改，坚决整治脱贫攻坚中的形式主义、官僚主义问题，以作风攻坚促进脱贫攻坚。持续整治群众身边腐败和作风问题，严肃查处惠民政策落实中的腐败和作风问题，严查小官大贪和基层"微腐败"，加强扫黑除恶专项斗争的监督执纪问责工作，强化线索排查处置，对已侦破的涉黑涉恶违法犯罪案件逐案过筛、扩线深挖，坚决清除包庇、纵容黑恶势力的腐败分子。

在深化改革创新上有新步伐。坚持党对反腐败工作的集中统一领导，创新纪检监察体制机制，切实把制度优势转化为治理效能。严格按照监察法要求，全面履行监督调查处置职责，全要素使用 12 种调查措施。扎实推进基层纪委监委规范化建设，构建完善的不断向基层延伸的监察监督体系。充分发挥基层监察联络员的"前哨""触角"作用，重点在督促落实强农惠农政策和便民利民措施上、在整治群众身边腐败问题和扶贫领域专项治理上、在加强净化农村基层政治生态上积极作为，提升全面从严治党整体水平。

# 四、烧旺党内政治生活"炉火"*

## ——天津市纪委监委开展民主生活会监督的实践与思考

《中国共产党章程》明确规定："党在自己的政治生活中正确地开展批评和自我批评，在原则问题上进行思想斗争，坚持真理，修正错误。"

民主生活会是党内政治生活的重要方式，是党员领导干部锤炼党性的"熔炉"，开好民主生活会是落实《关于新形势下党内政治生活的若干准则》的重要内容。同时，民主生活会也是对一段时期以来，班子和成员执行中央、地方和部门要求，对行使权力过程的反思和监督，是清除党内政治灰尘的有力武器。对此，纪委监委下大力气监督民主生活会开展情况，及时掌握班子政治生态以及有关工作落实和进展情况，发现和纠正班子在落实"两个维护"中存在的温差、落差和偏差，是坚守政治机关本质属性的必然要求，是履行监督第一职责、首要职责的应有之义。

日前，天津市纪委监委开展专题调研，梳理民主生活会监督实践，探索加强民主生活会监督方式方法。

## 明确民主生活会监督的职责定位

监督理念。监督并非"督导"，相较于督导，更多地要体现为一种来自外部的倒逼机制，主要是通过对照民主生活会要求和相关党纪党规，指出民

---

* 天津市纪委监委课题组。

主生活会的违规点，及时纠正民主生活会的违规偏差，对违纪行为进行严肃处理，促进民主生活会沿着正确方向和主题进行，不断增强斗争性和战斗性，着力避免和解决随意化、平淡化、娱乐化、庸俗化等问题。而督导工作，侧重于督促、指导和引领，在具体工作中，体现在对如何开好民主生活会进行全面部署、提出具体要求、作出相关解释等。二者的理念不同，决定了工作着眼点和方式方法的不同。

监督切入点。主要是依据《中国共产党章程》、《中国共产党党内监督条例》和《中国共产党纪律处分条例》等，从维护党内政治生活制度严肃性的角度切入开展工作。一定意义上说，有什么样的党内政治生活，就有什么样的党风政风，党内政治生活越严肃，纪检监察机关监督越给力，党风政风社风民风就会越清明。所以，监督不能局限于单纯组织、指导有关党组织开好民主生活会，而在于发现和指出问题，纠正违规偏差。

监督内容。纪检监察机关依据日常掌握的线索或政治生态情况，对有关职能部门民主生活会从程序到内容上进行监督。同时，通过监督民主生活会获取的相关信息，与平常掌握的情况进行对比印证，对该地区总体情况做出进一步了解和研判。纪检监察机关监督民主生活会，是对有关职能部门履行职责情况的直接监督，必须坚持严的标准、严的措施、严的纪律，讲党性不讲私情，讲真理不讲面子。

实践中，纪检监察机关往往与同级党委的组织部门共同监督和督导民主生活会，在工作格局上双向施压、同向发力，在监督对象、工作目标上有高度的一致性，不存在接受谁的领导或领导谁的问题。纪检监察干部要立足职能，在保持相对独立思考和研判的基础上，会同组织部门共同审议提出监督意见。

## 明确民主生活会监督的关键点

收集有关问题线索，加强分析研判。收集召开民主生活会党委（党组）领导班子所在地区（系统）党员干部和公职人员违反中央八项规定精神、群众身边腐败和作风问题、不担当不作为等情况，收集反映班子和成员信访举报情况以及当年受到约谈函询、组织处理、党纪政务处分和问责情况，收集巡视报告及巡视反馈问题整改情况，等等。以上述为依据，审核班子和个人的对照检查材料，是否体现了当前反映的突出问题，是否将有关问题特别是组织函询、诫勉等问题说清楚，督促班子和成员做好自我监督，做到直面问题、深刻查摆、认真反思，为下一阶段的相互监督、相互批评，奠定基础。

加氧加压，烧旺批评和自我批评的"炉火"。党内政治生活是"熔炉"，"炉火"烧不旺，就需要纪检监察机关用监督"加氧加压"。当前，在始终坚持党内政治生活目标的前提下，要着力突出民主生活会的战斗性，避免"抹不开面子""拉不下脸子"，走过场式的民主生活会。实践中，一看主要领导是否真正起到带头作用，着重监督一把手能否树立高标准，开好头、定好调，同时还要重点监督其他班子成员和重要岗位的同志能否发挥承上启下作用，为整个批评和自我批评过程"打好底"，营造出持续升温的氛围。二看约谈函询、组织处理、党纪政务处分和问责等情况是否与掌握的材料一致，防止"犹抱琵琶半遮面"等现象。三看相互批评是否有战斗性，看是否营造有平等交流氛围，避免把职务称呼带入党内生活；看讲问题是否见人见事见思想，防止以业务问题代替思想和政治问题；看班子成员整体党性修养水平，是否能够把握好相互批评的度，是否真红脸真出汗，同时也要保证团结不散，努力做到增强战斗性、不失战斗力。

坚持独立思考，发表监督意见。民主生活会结束时，参加监督工作的纪检监察干部，既要与组织部门互通意见，也要进行有针对性的点评，要从查摆问题是否开门见山、直指要害，原因剖析是否深刻反省，批评和自我批评是否真刀真枪有"辣味"等方面进行客观点评，督促班子成员及时认识和修正党内政治生活的不足，进一步增强监督和接受监督的意识。

及时监督检查，促进整改落实。民主生活会的效果在于查摆问题的落实落地。纪检监察机关在加强日常监督的基础上，要对整改情况开展专项督查，对整改工作不落实、进展缓慢或成效不明显的，采取制发纪律检查建议书、约谈、通报等方式予以督促，问题严重的，要依据有关规定进行问责。

# 监督过程中发现的问题

查摆问题不够全不够深。监督民主生活会首先要聚焦查摆问题情况，结合日常监督掌握情况审核领导班子对照检查材料和个人发言提纲。调研发现，有相当数量的单位虽然围绕重点问题进行了对照检查，但查得不够全不够深，存在走过场现象。如，有的单位虽然能将问题查摆出来，但以问题为着眼点，从加强党性修养、强化政治建设的角度深入剖析还不到位，个别单位还存在简单扣帽子、对问题含糊其词等现象。又如，有的单位发言材料没有按照规定说明个人有关事项，没有针对群众反映、巡视巡察反馈、组织约谈函询的问题说全面、谈透彻。

剖析原因不够准不够透。调研发现，个别地区和部门在对查摆出的问题进行原因分析时，有意回避主要因素，甚至个别原因剖析的内容表述仍与问题查摆部分类似。有的原因分析与查摆问题的关联性不强，内在逻辑不严密，没有按照要求结合岗位职责，把思想状态摆进去、摆到位，蜻蜓点水、浮于表面。如，有的民主生活会材料凡事都往"学习不扎实""宗旨不牢固""担当精神不足"上靠，分析有轮廓、没相貌。又如，个别干部还存在"万能"原因、"模板"式分析，几次民主生活会材料的原因部分基本趋同。

相互批评不够辣不够多。调研发现，当前民主生活会"炉温"不足的现象一定程度上还存在。总体上看，一把手能做到以身作则，但相对来说，带动作用还有进一步提升的空间。如，有的存在"上对下'放得开'，下对上'放不开'，平级之间'抹不开'"的现象；有的存在以工作建议代替党内政治生活批评建议的现象，不能结合民主生活会主题见人见事见思想；有的存在仔细斟酌说和气话的现象，个别单位仍以"姓氏＋职务"的方式进行，党内生活平等的同志关系没有真正体现。

整改措施不够实不够细。开展民主生活会监督，关键是监督领导班子和党员干部解决实际问题。调研发现，有的单位存在"重问题查摆，轻措施整改"的倾向，有的领导班子整改措施存在"思路多举措少、表态多抓手少"的问题，有的领导干部个人整改措施比较笼统，只提要在哪些方面下功夫，却不提如何下功夫，针对性、操作性、可行性相对欠缺。

# 提高民主生活会监督实效的建议

强化沟通协调，明确工作要求。一方面，加强与同级党委组织部门的沟通，及时提出监督的重点内容、方式等，明确分工职责，形成共识，体现在下发召开民主生活会的通知中，为监督工作奠定基础；会前、会中和会后的监督，要与组织部门达成一致的工作标准，避免由于沟通协调不到位而出现工作发散现象。另一方面，加强与被监督单位的沟通，进一步明确监督的重点和要求，便于被监督单位落实，避免"不教而诛"。

突出重点体现特色，监督有所侧重。在与组织部门分工协作的基础上，要集中"火力"，重点围绕问题线索、日常监督中掌握的苗头性、倾向性问题，做足"监督文章"。通过谈心谈话、征求意见、相互批评等环节，努力对已掌握的线索或情况进行精准深入研判，在反复对比印证中进一步聚焦重点人重点事；督促参会人员在班子成员监督下对谈话函询、问责的事项进行说明，进一步验证答复真伪，同时对所有班子成员进行举一反三式的警示教育，以点带面，以案促教。

做好综合研判，延长监督触角。要进一步充分发挥民主生活会政治生态窗口作用。开展监督既要就事论事，也要见微知著。要把会下掌握的情况放到会上来分析，把会上反映的问题放在整个地区或单位的政治生态状况中来看待，把前后几次民主生活会提出的问题和整改措施进行比对，持续跟踪整改落实情况。要系统全面地综合研判相关党委（党组）加强党的政治建设、履行"两个责任"、秉公用权和着力解决群众反映突出问题等方面的情况，不断写实描细政治生态，为科学监督、精准监督提供重要保障。

# 五、将"旗帜鲜明讲政治"摆在监督首位 *

## ——关于做好群团组织政治监督的调研

群团事业是党联系群众的桥梁和纽带,群团组织联系服务群众广泛,在引领职工群众"听党话、跟党走"的任务中肩负着重大的政治责任。如何通过派驻监督,精准有力对群团工作开展监督,保持和增强群团工作政治性,在尊重理解、沟通协调和参与服务中落深、落细、落实"两个责任",做到不失位、不越位、不错位,是新时期纪检监察机关实现监督全覆盖的重要内容。

近期,天津市纪委监委课题组围绕十九届中央纪委三次全会以来相关派驻纪检监察组开展政治监督,推动各级群团组织提高政治站位、履行政治责任、强化政治担当的落实情况进行调研。

## 开展群团组织政治监督的实践经验

聚焦落实"两个维护"开展监督。通过参加党组会、列席民主生活会、收集资料、查阅台账、调研座谈等形式,加强对贯彻落实党的路线方针政策和党中央重大决策部署、贯彻落实习近平总书记关于群团改革重要指示精神、执行党中央关于维护党中央集中统一领导、重大事项请示报告等情况的监督检查,紧盯群团组织重要工作部署和推进情况,强化一线监督,合理提

---

* 刘光斌、宋冀峰,天津市纪委监委驻市总工会机关纪检监察组。

出纪检监察意见建议，确保有关部署和要求落地生根。

聚焦净化政治生态开展监督。从改善群团组织党内政治生活入手，把监督民主生活会作为政治监督的重要内容和方式，坚持会前审核把关、会中较真碰硬、会后跟踪整改，从严落实党内政治生活。以办案为抓手推进政治生态修复，针对群团组织长期以来形成的一些不良作风，通过严肃查办违反政治纪律和政治规矩等相关案件，充分发挥警示震慑作用，推动政治生态好转。切实担负起群团组织换届监督责任，严肃查处相关违纪违规问题，督促推动换届纪律不折不扣执行，确保换届工作风清气正。

聚焦防范化解政治风险开展监督。围绕群团组织改革发展稳定做好派驻监督工作，以监督工作促进群团组织中心工作开展。对于监督中发现的群团组织基层单位党建弱化、资产长期出租、单位账户出借、国有资产失管等阻碍改革发展、造成不良影响的问题，及时向群团组织党组（党委）提出意见建议，推动开展专项清理，不断强化群团组织权力运行管理和议事规则，建立完善"三重一大"决策、人事管理、公务接待等制度机制。

聚焦整治群众身边腐败和作风问题开展监督。拓宽信访渠道，建立问题线索处置和监督执纪信息动态管理档案。严肃执纪问责，重点查处涉及职工群众利益的形式主义、官僚主义、不作为不担当等问题。突出查办大案要案，严惩群团组织基层单位、所属企事业单位存在的"小官大贪""微权巨腐"问题，形成惩治腐败高压态势。

聚焦发展党内政治文化开展监督。发挥新媒体的政治文化宣教功能，以公众号等新型传播方式，重点宣传贯彻党的十九大精神和习近平新时代中国特色社会主义思想，定期刊发中央纪委国家监委有关精神、党纪条规解读、典型案例通报等，通过加大政治动员、政治引领、政治教育力度，厚植群团组织政治文化土壤。

## 当前群团组织政治监督存在的不足

思想认识还有差距。调研发现，有的群团组织在加强政治监督上还存在认识不到位的情况，一是职责定位不清晰，认为群团组织是一般的社会组织，忽视了群团工作是政治工作的属性和定位，在政治监督上自降标准。二是对监督的必要性认识不到位，认为群团组织主要是做群众工作的，是基层单位、"清水衙门"，没有开展监督的必要和抓手。三是对监督工作重视不够，有的群团组织主体责任落实不够，只讲业务不讲监督，认为监督是纪检监察机关的事，与自身关系不大，甚至把监督工作当成"软"任务和"虚"工作。

监督基础比较薄弱。群团组织体系庞大，监督范围不仅包括驻在部门、综合监督单位及其直属联系单位，还包括所属国有企事业单位及具有公共事务管理职能的社会组织，具有成员多、资金多、资产多、项目多、活动多等特点。调研发现，群团组织的监督基础工作稍显薄弱，一是监督底数不清，国家监察体制改革以来，对群团组织的监督范围明显扩大，监督对象类别显著增加，有的群团组织对监察对象的概念和界限把握不准，上报的监察对象范围不全面、数据不准确，存在监督"盲区"。二是有的群团组织及基层单位因长期疏于管理，政治生态不健康，圈子文化和好人主义现象突出，违反中央八项规定精神的问题时有发生，涉及群众利益的问题反映比较集中。三是履职缺位，有的群团组织对自身政治生态和主责主业没有清晰认识，不掌握干部队伍变化和单位经营管理情况，致使下属单位失管失控，变成不受监督的独立王国，最终出现了严重的违纪违法和职务犯罪问题。

监督质效有待提高。目前派驻机构对群团组织的监督工作主要还是围绕问题线索展开，偏重通过办案带动监督，虽然取得了减存量、遏增量的效果，解决了一些深层次问题，但整体监督效果有待提高。一是政治站位还不够高，站在监督执纪角度考虑问题多，从推进群团组织改革高度思考问题少。二是对群团组织的规律和特点把握尚不精准，在认定群团组织监察对象范围方面还有不同认识（如下属医疗卫生、教育、传媒、保险等单位和主管的社会组织工作人员）。三是没有把握好聚焦"关键少数"与管住"大多数"的辩证关系，监督重点不突出，监督"全覆盖"的局面尚未完全打开。四是没有摆脱"单纯办案"的思想，查办案件与警示教育没有同部署同落实，治本功效未能充分发挥。五是政治思维还不够强，把握问题不够精准，实践中区分一般性违纪违规问题和政治范畴问题的能力有待提高。

# 不断强化派驻监督的政治担当

聚焦政治监督首要职责。一是以党的政治建设为统领，把旗帜鲜明讲政治放在首位，牢牢把握监督工作的政治方向，主动融入群团中心工作和重要活动，找准工作切入点和结合点，增强监督工作针对性和实效性，注重通过政治监督促进解决群团组织改革发展中的矛盾和问题，切实增强群团工作的政治性。二是履行政治建设协助职责，围绕群团组织党组（党委）的全面工作思考谋划监督工作，通过参加党组会、列席驻在部门和综合监督单位党委会及相关会议，以及查阅资料、开展调研等形式，积极提出工作意见建议，确保党的路线方针政策和重大决策部署不折不扣落到实处。三是织密监督网络，结合群团组织结构特点，盯紧监督对象，推动全面从严治党向基层延伸，着力查处各级群团组织存在的政治问题、责任问题、腐败问题和作风问题，督促相关部门完善机制，用制度管人管事管权。四是推进政治监督长效机制建设，把党的政治建设融入监督执纪问责、监督调查处置各方面，严明政治纪律和政治规矩，持之以恒正风肃纪，以政治监督涵养政治生态，激发群团组织改革的内生动力。

精准"把脉"政治生态。一是加强政治生态研判，结合巡视巡察反馈意见、问题线索状况、部门考核结果及社会民意测评等信息，动态掌握各单位政治生态情况。如，派驻纪检监察组在查办某群团组织基层单位人员违纪案件中，针对该单位党组织存在的好人主义、重业务轻党建等问题，提出整改意见并形成生态报告，得到驻在部门的采纳。二是建立廉政风险"数据库"，认真研究群团组织职责权限、岗位设置和内控制度，全面梳理群团组织的项目运行和资金使用情况，围绕"人、权、事"排查权力运行的关键点、内部管理的薄弱点、问题易发的风险点，摸清监督底数，厘清监督对象，为实现精准监督打好基础。三是监督关口前移，强化政治监督，重点围绕党中央和市委重大决策部署、新形势下党内政治生活的若干准则、民主集中制、党组织建设和全面从严治党政治责任等方面对被监督单位进行监督检查，评判掌握被监督单位的政治导向和"两个维护"执行情况，针对普遍性、苗头性、倾向性的政治问题，及时向群团组织党组（党委）发出监督建议函，化解政治风险隐患。

完善政治监督路径。一是做实日常监督，切实把政治监督的首要性体现在监督执纪问责各方面，在日常监督和问题线索处置中，优先处置反映政治方面的问题线索，抓早抓小、从严惩治。二是抓"关键少数"与管"大多数"相结合，加强对群团组织领导干部的监督，通过层层落实主体责任，牵住政治监督的"牛鼻子"，促使各级领导干部充分发挥"头雁效应"，打开全系统政治监督工作局面。三是找准政治监督载体，监督必须渗透、融入业务工作，既要结合群团组织承担的公共职能，关注扶贫济困、解困脱困、大病救助、评先评优等涉及职工群众切身利益的工作，又要结合群团组织的日常经营活动，关注资产外租、工程招投标、大宗商品和服务购买等重大资金项目，通过对业务问题背后的政治问题进行监督，使政治监督落到实处。四是注重标本兼治，做好监督执纪"后半篇文章"，用好纪律检查建议书和监察建议书，注重从"树木森林"的角度、从净化政治生态的高度进行剖析，向群团组织党组（党委）提出意见建议，用足用好办案成果。五是凝聚监督合力，把派驻监督和社会监督、群众监督有机结合起来，扩大监督主体、增加监督频率、延伸监督触角，不仅要加强自上而下的派驻监督，还要通过扩大社会监督和群众监督实现自下而上的监督，合力推动群团组织政治监督全覆盖，全方位多角度掌握政治生态现状，精准发现问题，提升监督质效。

# 第二部分
## 深化纪检监察体制改革

# 一、纪法同向发力　提升监督效能 *

## ——持续深化"三转"推进纪检监察体制改革的调研

十九届中央纪委三次全会强调，实现高质量发展是纪检监察工作的努力方向，要持续深化"三转"，在坚持思想政治引领上下功夫，自觉把思想政治工作贯穿于纪检监察工作全过程；在坚持实事求是上下功夫，准确运用监督执纪"四种形态"，实现政治效果、纪法效果、社会效果相统一；在坚持依规依纪依法上下功夫，严格按照规定权限、规则、程序开展工作。

深化"三转"，是纪检监察机关适应监察体制改革的必然要求，是忠实履行党章和宪法赋予职责的现实需要，是实现新时代纪检监察工作高质量发展的重要举措。近日，天津市纪委监委围绕深化"三转"进行了专题调研。

## 持续深化"三转"聚焦监督第一职责

坚守职责定位转职能，更加聚焦主责主业。履职向党章宪法聚焦、重心向政治建设集中、力量向系统推进倾斜。一是聚焦"两个维护"，从"突出查办腐败案件"转向"聚焦政治监督首责"。坚守政治属性，摒弃就案办案、单纯办案的理念，以践行"两个维护"为首要职责，把政治监督挺在前面。注重从政治上分析和把握问题，全市查处腐败案件中同时违反政治纪律的问题呈上升趋势。二是净化政治生态，从"只看树木"转向"维护森林"。强

---

＊　天津市纪委监委课题组。

化系统思维，坚决肃清严重违纪违法案件恶劣影响，推动政治生态、政治生活、政治文化一体净化、一体建设、一体培育。三是强力正风反腐，从"以治标为主"转向"标本兼治"。坚持治标与治本同向同步同进，天津市立案审查数从 2014 年到 2018 年增长了 7 倍；查处违反中央八项规定精神问题数量上升，但新增数量占比从 2014 年的 16.5% 下降至 2018 年的 6.1%。制定以案促教、以案促改、以案促建工作办法，开展常态化警示教育，不断扩展丰富教育载体，督促发案单位剖析根源、堵塞漏洞、建章立制。

依规依纪依法转方式，实现纪法同向发力。自觉运用法治思维、法治方式开展工作，统筹纪法"两把尺子"，做到纪法同向发力。一是推动人员力量、组织架构实现战略性重塑。各区纪委大幅清理精简议事协调机构，区纪委书记全部做到专岗专职；市纪委监委派驻机构负责人不再分管与主责主业无关的其他工作；调整内设机构后，市纪委监委和各区纪委监委一线部门的占比均超过 76%。二是推动制度机制规范化、法治化。建立监督检查专题会、审查调查专题会等集体决策机制，出台监督检查审查调查工作办法、管辖实施办法等 25 项制度。制定加强工作衔接配合的相关意见，理顺监察机关与检察、审判、公安、司法四部门有效对接实现法法衔接的工作机制，切实把制度优势转化为治理效能。三是推动职能定位向监督聚焦。出台加强监督工作的意见，细化责任分工，推动"四个监督"统筹联动。贯通运用"四种形态"，做到宽严相济、精准得当，全市运用第一、第二种形态处理的人次占比由 2016 年的 85.8% 上升到 2018 年的 93.6%。

自我革命转作风，全面接受监督制约。坚持打铁必须自身硬，实现从突出自我监督向接受全面监督转变。一是注重强化自我监督。发挥干部监督室和机关纪委作用，健全完善内部督查机制，认真执行监督执纪工作规则，完善内控机制，实行监督检查和审查调查"前后台"分设。二是主动接受党内监督。自觉向中央纪委国家监委、天津市委报告党风廉政建设和反腐败工作情况，定期报送专项工作情况，重大案件及线索处置、重要事项办理等及时请示报告，把全过程请示报告和全过程接受领导、监督有机统一起来。三是自觉接受其他方面监督。向社会公开立案审查调查、通报曝光"四风"等情况。

# 对标新要求查找不足和差距

转职能不到位的问题。深化转职能，纪检监察机关更加聚焦主责主业，但与政治机关的要求还有差距。一是政治意识不强。有的对政治机关本质属性把握不准，把讲政治的要求贯穿于工作全过程、各环节不到位。二是政治能力欠缺。有的不善于把握政策和策略，考虑纪法效果多，考虑政治效果、社会效果少，就事论事、机械办案、教条运用纪法。有的不善于做思想政治工作，不能通过深入细致的政策引导、说服教育，感化对方、唤醒初心，让其真心认错悔过。三是政治监督首责落实有差距。有的对政治监督的概念不清楚、职责把握不到位，导致政治监督泛化、不聚焦；有的把政治监督当作口号喊，缺乏具体实在的举措，导致政治监督虚化、不落地；有的以查处代替监督，导致政治监督滞后、不及时。

转方式不到位的问题。深化转方式，在思维方式和工作方式上不断创新，但纪法两把尺子运用不够科学严密高效。一是监督第一职责履行不充分。有的存在路径依赖，对新的监督方式理解不深、运用不熟；有的缺乏主动思考、主动创新，离开问题线索就不会监督。监督工作协调不够顺畅，"四个监督全覆盖"贯通的效果没有充分显现。二是依规依纪依法不到位。有的取证不规范，过度依赖"口供"，存在形式、来源不合规等现象；有的案件定性不准，混淆了罪与非罪、此罪与彼罪、一般错误与违纪行为、此违纪行为与彼违纪行为的界限。三是纪法贯通、法法衔接不够顺畅。有的"以审理为中心"的理念树得不牢，片面强调审查调查作用，认为审理程序可有可无，甚至认为审理工作给审查调查添麻烦、挑毛病；有的忽视审理意见，挤压审理时间，使审理难以深入了解案情。

转作风不到位的问题。深化转作风，主动接受监督的意识有所增强，但与打铁必须自身硬的要求还有差距。一是工作作风问题凸显。有的办事拖沓不认真、把关不严，"庸懒散浮拖"问题不同程度地存在。二是斗争精神不足。有的心存顾虑、腰杆不硬，遇到问题绕着走，不敢动真碰硬；有的能力素质不强，想干不会干、干不好。

专责不专"回头转"的问题。一方面，履职"缺位"。有的认为"三转"后，纪检监察机关的主责就是监督执纪问责和监督调查处置，对于协助党委推进全面从严治党主动性不强、研究不够、招法不多，凡事都等着党委部署和推动。另一方面，履职"越位"。有的党组织认为纪委监委合署办公了，办事有力度，把纪委从全面从严治党的"助手"变成党委各项工作的"副手"，纪委从协助变成主抓、从主抓变成主责。

# 持续深化"三转"实现工作高质量发展

持续深化转职能，重点提高政治站位。一要坚持政治引领，深入学习习近平新时代中国特色社会主义思想，以党的政治建设为统领，协助党委推进全面从严治党，坚持纪严于法、纪在法前，执纪执法贯通、有效衔接司法，取得全面从严治党的更大战略性成果。强化政治监督，聚焦"两个维护"，加强对贯彻落实习近平总书记重要指示批示精神和党中央重大决策部署等情况的监督检查，确保政令畅通。二要注重解疑释惑，采取专题辅导、集中讨论、热点辨析等方式，讲清政治与业务的关系、讲政治与重证据的内在一致性，引导纪检监察干部自觉从政治上分析和解决问题、从讲政治的高度做好纪检监察工作。

持续深化转方式，重点增强能力素质。一要强化专业培训，采取领导干部授课、集中轮训、以干代训等方式，重点加强推进纪法贯通、法法衔接方面的培训，切实提高执行政策水平、执纪执法水平、思想政治工作水平。二要强化业务指导，探索建立上下互派干部机制，选调基层干部到上级机关跟班学习，选派业务骨干到基层锻炼指导，着力提升整体工作水平。三要强化信息化建设，全面优化综合业务、办公、查询平台，实现全流程网上办案办公、全覆盖监督管理、全方位统计分析；加强基层单位网络建设与应用，形成上下联动、数据共享工作格局；加强安全防护，从制度、技术、流程、人员等各方面设置安全保密多道防线，强化信息化整体防护能力。

持续深化转作风，重点强化监督制约。一方面，要严格内部监督，发挥好党支部、机关党委（纪委）、干部监督室作用，坚持做到日常监督与内部督查相结合、经常性教育与专项整治相结合、完善管理机制与严格管理约束相结合；完善内控机制，明确信访、案管、监督检查、审查调查、审理等部门职责、权力边界，真正形成问题线索处置的执行权、决策权、监督权"既相互协调配合又相互监督制约"的内控机制；坚持刀刃向内，对执纪违纪、执法违法者"零容忍"，对不敢监督、失职失责的严肃追责问责。另一方面，要自觉接受外部监督，健全纪检监察信息公开制度，发挥特约监察员作用，拓展社会参与监督渠道，构建规范化、制度化、常态化的外部监督体系。

推动"三转"到位，重点加强跟踪督促。一要加强监督检查，把深化"三转"情况及纪检监察体制改革作为日常监督、巡视巡察等的重要内容，对深化"三转"不到位的开展专项督查，及时发现问题，切实督促整改。二要发挥考核和问责作用，把深化"三转"情况纳入基层"两个责任"检查考核、绩效考核等内容，对"三转"不力、履职缺位问题严重的，既问责纪检监察组织，又问责上级纪委监委对口联系的监督检查部门。

# 二、协同联动构建监督合力 <sup>*</sup>

## ——关于监督检查和审查调查分设的调研

十九届中央纪委三次全会强调，创新纪检监察体制机制，切实把制度优势转化为治理效能，全面完成地方纪委监委派驻机构改革和市地级以上纪委监委监督检查与审查调查部门分设。

监督检查与审查调查部门分设，是纪检监察机关加强内部监督制约、强化监督职责的重要举措，对于优化执纪执法业务流程，强化纪检监察机关自我监督具有重要意义。2018 年以来，福建省福州市纪委监委在省纪委监委领导下稳妥推进监察体制改革，严格落实监督检查和审查调查分设，建立健全相互协调、相互制约的工作机制，积极融合党内监督和国家监察职责，监督效能有效提升。

## 监督检查和审查调查分设现状

内部分工协作情况。一是优化职能分工。监督检查部门固定联系相关地区或部门，专司日常监督；审查调查部门实行一案一指定、一次一授权，专司审查调查，不固定联系某一地区或部门。两个部门相互分离、相互制约，形成有效内控机制。各监督检查部门对口联系派驻纪检监察组，负责指导、服务、监督派驻纪检监察组工作，重点把握被监督单位的政治生态情况。二

---

＊ 福建省福州市纪委监委办公厅。

是规范线索移送。规范监督检查"前台"和审查调查"后台"问题线索移送机制，由案件监督管理部门合理调配线索资源和执纪资源，统分任务，协同作战。同时，建立管理台账，实现集中管理，定期跟踪督办问题线索处置情况，促进监督检查和审查调查工作高效、有序开展。三是加强审批监管。案件监督管理部门实行分级审核管理，对重要调查措施提高审批权限，做到逐级审批、全程留痕，防止权力滥用。精细把控调查措施使用情况，采取定期检查、专项督查、不定期抽查等多种方式，督促严格规范使用调查措施。案件审理部门通过移送审理前的形式审核、审理中的实质审核，及时就事实、定性、量纪、调查程序、条款适用等方面存在的问题提出意见建议，完善案件证据材料，推动执纪执法工作高质量发展。

对外协作配合情况。坚持纪在法前，加强纪法贯通、法法衔接，强化与公检法等机关的协作配合，努力实现监察职能高效运转。一是畅通信息渠道。加强与公检法机关协作配合，进一步规范党员和国家工作人员涉嫌违纪违法犯罪案件情况通报和问题线索移交工作。二是建立协查机制。监督检查、审查调查部门报批调查文书后，送案件监督管理部门办理，其中，涉及技术调查措施、协助抓捕、限制出境等文书，报主要领导审批。实践中，由承办部门工作人员携经案件监督管理部门审批审定的调查材料送至公检法等机关相关部门，再由其将调查结果直接反馈给承办部门。三是完善法法衔接。对涉刑案件采取"一程序、双立案、全案审、分项处理"的工作方式，确保党纪政务处分与移送司法要求相互贯通衔接。由案件审理部门对接检察院职务犯罪案件协调办公室，全面负责与检察机关的衔接、会商、协调等工作，协调审查调查部门按照检察机关意见做好补充调查工作。

履行纪法职能情况。严明政治纪律和政治规矩，全面掌握联系地区领导班子和领导干部执行党章和党内法规、执行党的政治纪律和政治规矩情况，以及加强对党的路线、方针、政策、决议执行情况和纠正"四风"问题等。积极协助市委履行主体责任，改进落实主体责任检查方式，对落实不力的干部进行问责。围绕中心工作，发挥"监督的再监督"作用，开展重点项目督查。综合信访举报和案件查处情况，研判分析市属国企政治生态，积极推进脱贫攻坚和扶贫惠民监督工作。贯通运用"四种形态"，稳妥慎用调查措施，做到宽严相济。

# 部门分设后监督合力有待提升

监督效能有待提升。目前，各级纪检监察机关都积累了一批遗留下来尚未办理的问题线索，这些问题线索数量较大，形成了问题线索的"堰塞湖"，处置这些问题线索牵扯了大量精力，甚至影响了日常监督。各级纪检监察机关虽然从融合派驻监督、融入巡察监督等方面进行了有益的探索，但总体上看监督手段还不够丰富，还应在系统、深入、精准掌握联系地区和单位政治生态方面继续探索实践。监督检查部门和执纪审查部门在完成问题线索核查处置后，如何深入剖析问题根源，做好警示教育、完善长效机制，还需要深入研究。

横向联动配合不足。监督检查和审查调查分设后工作开展时间不长，各监督力量之间尚未实现整体系统部署、集中统筹。监督检查部门的主要人力、精力都在信访举报件办理及问题线索的处置上，对联系地区和单位的党风廉政建设情况的了解掌握还不够深入；监督检查部门联系、指导、统筹派驻纪检监察组开展工作的力度不够，深层次联动合作机制还有待完善。各派驻纪检监察组各自为战，经常面临着人员力量不足、调查手段有限、部门协同有限等问题，一定程度上削弱了监督的实效。

线索处置仍需规范。在实际操作过程中，有的纪检监察机关出现了承办部门将涉案财物交由案管部门保管或私自保管等不规范行为。有的监督检查部门在系统录入信息方面相对滞后，影响了案管部门对问题线索实行集中管理、动态更新、定期汇总的时效性和督促办理等工作。各级纪检监察机关之间的案件审查调查管理信息系统缺乏，案件办理、报批各个程序都靠办案人员人力解决，存在安全隐患。纪检监察机关现有查询方式不够顺畅，通过各家银行查询涉案人员银行账户交易情况周期长，严重影响了办案效率的提高。

法法衔接有待细化。例如，目前纪委监委对非党员非监察对象人员缺乏强制措施，请求公安机关协助控制时，公安机关往往要求对其立案后才能实施。又如，《监察法》规定，检察机关对监察机关移送的案件，应依照刑诉法对调查人采取强制措施。这就需要检察机关在监察机关移送前介入案件，熟悉案件情况、审查证据材料，协商移送事宜。但检察机关何时介入、怎样介入，需要在合法、便捷的原则下提前做好沟通衔接。再如，现行规定对未采取留置措施的被调查人如何移送没有相关程序规定，实践中有的由检察机关自行通知被调查人，有的由监察机关带至检察机关。

## 加强协同联动提升监督实效

科学合理设置分工。在工作职责上，更加合理科学地划分监督检查室和审查调查室职责，监督检查部门在查核过程中发现涉及运用第三、第四种形态问题的，经纪检监察机关主要领导批准，可以继续进行查办，也可与审查调查部门联合组成专案组，避免多头查办处置。在力量调配上，要适时按照监督执纪的任务，合理调配监督检查部门和派驻纪检监察组人员，统筹安排使用，避免部分纪检监察组工作任务不饱和的现象。

形成协同联动合力。监督检查部门要定期分析评估联系地区和部门的政治生态、党风廉政建设和反腐败形势任务，运用其"全局视野"来帮助审查调查部门研判个案，更加精准地在审查调查中运用政策和策略；审查调查部门要善于从个案中发现共性问题，及时向监督检查部门提出监督建议，用"解剖麻雀"的成果帮助监督检查部门找准监督关键和重点。要进一步厘清监督检查部门与派驻纪检监察组的职责定位，强化对派驻纪检监察组的牵头、协调联系和监督，统筹整合所联系地区和部门的派驻纪检监察组的力量，从而破解有的派驻纪检监察组监督手段单一、职能发散、人员力量不足、作用发挥不够等问题。

完善内外衔接机制。一是完善内部运行机制。制定监督检查、审查调查工作运行规范，对信访举报受理、问题线索处置、初步核实、立案审查调查、审理和内部监督等流程再造，细化各项调查措施的操作步骤、审批程序和使用要求，形成工作流程图，让业务运行高效可控。二是加强外部协作机制建设。加强与公检法、银行、通信等部门的协作配合，制定出台大数据信息查询、职务违法犯罪线索移送、执行留置安全监管看护以及案件提前介入、移送起诉、被调查人移交等协作办法，用制度机制确保纪法贯通、法法衔接。

建立信息互通机制。审查调查部门办结职务违法、职务犯罪案件后，向相应的监督检查部门通报案件查办、案件剖析等情况，便于监督检查部门掌握所联系地区和单位的情况，督促发案地方或单位抓好整改，做到不敢腐、不能腐、不想腐一体推进。同时，审查调查部门在开展某个问题线索初核时，必要时可以听取相关监督检查部门日常监督发现的情况，了解有关地方、单位的政治生态，实现信息共享。要搭建以数据收集、查询、分析研判为一体的反腐败信息资源共享平台，实现数据收集、快捷查询、分析研判等功能，提高协查效率和大数据分析比对能力，实现对审查调查对象"精准画像"，为审查调查人员提供数据支撑。

# 三、有效推进监察监督向基层延伸 *

## ——对深化乡镇（街道）监察办公室建设的实践与思考

十九届中央纪委三次全会强调，持续深化国家监察体制改革，把增强对公权力和公职人员的监督全覆盖、有效性作为着力点，把法定监察对象全部纳入监督范围。

2018年以来，浙江省杭州市纪委监委深入推进监察体制改革，在全省率先实现监察机构和监察职能向乡镇（街道）和村（社）延伸，有力推动了对基层乡镇（街道）干部和行使公权力村（社）干部的精准监督。

日前，杭州市纪委监委课题组开展监察监督向基层延伸情况的调研，在总结成效、分析不足的基础上，对深化乡镇（街道）监察监督工作提出建议。

## 推进监察监督向基层延伸的实践探索

完善机制保障，明确履职规范。按照"突出监督首责，一体推进监督调查处置"的理念，杭州市纪委监委制定《派出乡镇（街道）监察办公室履职办法》，明确乡镇（街道）监察办公室承担监督职责和部分调查、处置职责，行使部分监察职权。突出专责监督，明确监督方法，依法赋予"2+7"模式的监察措施，积极探索监察办公室直接使用谈话、询问两种措施的路径程

---

＊ 浙江省杭州市纪委监委调研课题组。

序，研究经上级监察组织同意后如何使用查询、冻结、调取、查封、扣押、勘验检查、鉴定等7种措施。规范日常业务流程，推动建立日常监督、线索处理、调查处置、案件剖析等方面的工作流程，规范监察措施使用、片组协作启动、村（社）监察联络员指导等工作，督促和指导乡镇（街道）监察办公室形成工作闭环。

构建监察网络，夯实履职基础。建立基层重点监察对象廉情档案，按照六类监察对象范围准确掌握监察对象底数，系统归集重点监察对象廉情信息。建立基层新增监察对象出国（境）分层分级廉政预审制度，实施分层分级廉政预审和证照统一管理。抓好监察工作向村（社）的延伸，建立村（社）监察联络员队伍，明确村（社）监察联络员工作职责；建立乡镇（街道）监察办公室片组协作机制，出台片组协作指导意见，在监督检查、协同办案、联动办信、联审协审等方面，统筹监督资源，解决监督力量不足的问题；由区县（市）监委授权，监察办公室探索对辖区内与乡镇（街道）工作联系紧密的基层站所从事公务人员进行监督。

监督重点领域，彰显监察效能。乡镇（街道）监察办公室充分发挥近距离常态化监督的优势，针对当前农村基层易发多发及老百姓反映强烈的突出问题，严肃开展监察调查。自挂牌以来，全市乡镇（街道）监察办公室运用"第一种形态"处理963人次，政务立案23件次，政务处分18人次，组织处理94人次，提出监察建议119条。

强化管理考核，激发履职动力。抓好乡镇（街道）纪检监察干部队伍的日常管理、教育培训、监督管理等工作，把牢干部选用关口。按照分层分级原则，明确每两年完成一次乡镇（街道）纪检监察干部轮训。采用轮岗锻炼模式，选派派出监察办公室干部参与区县（市）监察业务实训。同时，抽调基层监察办公室骨干参与上级监察机关办理的监察留置案件，在实战中提升业务水平。强化履职管理考核，采取多种措施加强对乡镇（街道）纪检监察干部的日常管理，强化制度约束，严格考核考评，充分调动其工作积极性、主动性，增强其履职尽责的责任感。

# 影响基层监察监督作用发挥的因素

思想认识还有偏差。少数基层党组织对监察职能延伸认识不清，没有完全把这项工作作为一项政治任务来抓，主体责任落实不够到位，导致工作效果大打折扣。少数镇街纪检监察干部对身份的认同感、归属感还不强，认为只是在原有纪检职务上增加了一个监察职务，在职能定位上比较模糊。基层群众对乡镇（街道）监察办公室了解不多，有的期望值过高，以为监察办公室什么人、什么事都能管；有的信任不足，反映问题只相信上级纪委监委，对镇街监察办公室不信任。

职责权限把握不准。部分乡镇（街道）监察干部对监察工作不熟悉，开展工作职责定位不明确，对如何开展监察工作、如何依法履行监察职权思考不足、办法不多、步子不大。有的思维方式停留在执纪上，没有把执纪和执法贯通起来，做到纪法协同、共同发力；有的把握"三转"不到位，参与到工程项目招投标等主责主业以外的具体工作中去，专职精力难以保证。

监督力量仍显薄弱。随着监察体制改革深入推进，新纳入监察对象的数量大幅度增加，但纪检监察干部人数总体上增加不多，各乡镇（街道）派出监察办公室和纪（工）委是两个机构一套人马，需要履行纪检监察两项职责，干部力量尤其是专职纪检监察干部配备相对欠缺，"人少事多"的矛盾突出，工作有时疲于应付。

能力素质有待提升。不少基层干部监察业务能力偏弱，业务素质跟不上监察工作新要求。有的基层干部对监察法及相关法律法规学习不认真、不深入，对监察监督工作把握不准，对监察调查措施运用不专业。村（社）监察联络员监督缺乏具体抓手，监督什么、怎样监督的疑问仍然存在，即使能够发现问题，也仍然存在不会、不想、不敢报告的现象。

# 推动监察监督从"有形覆盖"向"有效覆盖"转变

强化领导指导。一要强化经常性督导。上级纪委监委要跟踪关注区县（市）纪委监委监察办公室建设工作及运行情况，加强调研督导，协调推进有关工作，帮助解决运行中存在的困难。要重点抓好乡镇纪检监察工作规程的贯彻落实，指导区县（市）纪委监委对标要求，全面排查各监察办公室的履职情况，进一步找准定位、发挥优势、补齐短板。区县（市）纪委监委作为直接领导机关，要经常性开展督促检查，建立乡镇（街道）监察办公室常态化工作报告、工作交流等制度机制，发现问题、纠正偏差。二要加强专业化指导。各级纪委监委要明确专门的业务部门，建立固定的工作联系机制加强指导，帮助乡镇（街道）监察办公室分析解决工作中遇到的复杂疑难问题，定期梳理汇总普遍性问题，通过案例指导、操作规范等形式指导监察办公室做好有关工作。三要压紧压实乡镇（街道）党（工）委主体责任。督促乡镇（街道）党（工）委正确履行领导责任，加大对监察办公室工作的支持力度，形成"两个责任"协同运转有效机制。

健全机制制度。一要完善领导机制。出台上级监委对派出监察办公室工作指导、管理监督和综合协调制度，完善乡镇（街道）监察办公室向上级监委定期报告工作制度。二要完善日常履职机制。认真落实派出监察办公室履职细则，制定履职清单，进一步明确履职标准、细化履职内容、规范履职方式。聚焦监督第一职责，建立健全廉政风险防控、监察对象廉政档案、专项监督检查等工作机制，确保监督常态化、精准化。三要完善业务工作机制。围绕职务违法问题线索的调查处置，探索建立纪法贯通的决策运行机制，严格审批把关程序，规范监察措施运用，切实做到结果正确、过程合法。推动完善监察相关法律法规，探索出台对基层群众性自治组织中从事管理人员特别是重要监察对象违纪违法行为以及对非党员干部不涉刑情况的相关处理办法。

加强队伍建设。一要配强配优监察干部。明确专职监察干部任职条件，严把入口关，注重选调那些政治素质高、原则性强的优秀干部充实到乡镇

（街道）监察办公室工作岗位。二要强化业务培训。按照分级分类和全员培训的原则，对乡镇（街道）监察办公室干部的教育培训工作实施全覆盖。同时，针对乡镇（街道）监察干部的实际，要创新培训方式，有针对性地开展上挂锻炼、轮岗交流，抽调参与上级纪检监察机关审查调查和监督检查等工作实践锻炼，着力提升基层监察干部实战能力。三要强化监督管理。坚持从加强思想政治教育、规范执纪执法行为、健全监督制约机制等入手，不断强化对基层监察干部的监督管理，对不担当、不负责的坚决调整岗位。严格考核考评，完善有效的工作激励机制，对优秀的监察干部，积极向组织推荐重用，激发基层监察干部履职尽责的积极性和主动性。

加大宣传力度。一要广泛宣传。重点面向基层党组织、广大监察对象和基层群众有针对性地加大宣传力度，对监察体制改革、监察法及基层监察办公室工作进行广泛宣传，提高基层对监察职能的知晓度。二要深入宣讲。紧密结合日常调研工作，深入基层群众进行宣讲，讲清讲透监察监督向基层延伸的新精神新要求及基层监察工作的目的意义，让基层群众充分了解乡镇（街道）监察办公室及其工作职责，吸引群众积极参与到基层监察工作中来。三要畅通群众监督渠道。通过信访举报箱、意见征集箱、"三务"公开栏，以及新媒体、大数据平台等信息技术手段，一方面畅通基层群众参与监督途径，另一方面对群众反映强烈的问题加强舆论引导，形成正确舆论导向。

# 四、健全工作机制　提升监察质效 *

## ——对监察机关开展监督情况的调查与思考

十九届中央纪委三次全会指出，要整合规范纪检监察工作流程，强化内部权力运行的监督制约，健全统一决策、一体运行的执纪执法工作机制，健全完善各项规则和配套法规，研究制定监察机关监督执法工作规定，构建全面、规范、严密的调查程序体系。

近日，贵州省贵阳市纪委监委成立调研组，结合监察体制改革工作推进情况，查找分析纪委与监委合署办公后监察机关工作运行机制的薄弱环节和存在的问题，并有针对性地提出对策建议。

## 加强监察监督的实践探索

抓管理建制度。一是坚持依纪依规依法办事，制定《谈话工作暂行办法》《执纪审查（调查）专题会议工作办法》等多项制度，规范执纪审查和执法调查措施使用，在纪法衔接、证据转换、依法留置、指定管辖等方面积极探索。二是规范线索处置、立案调查、案件审理程序，使请示报告、审批权限、涉案款物管理等各环节制度化、程序化。在线索管理上采取集中管理、动态更新、定期汇总核对、不定期督促督办，通过台账式"销号制"管理，实现对问题线索全程监督。三是加强安全管理，出台《采取留置措施风险

---

* 贵州省贵阳市纪委监委课题组。

评估暂行办法》《审查调查安全工作监督检查实施办法》等制度，严格把握留置措施的适用条件、尺度和标准，防止滥用，通过对相关人员进行岗位培训、签订责任书、建立流程档案等措施，及时发现和消除办案安全隐患。

抓监督强制约。严格工作程序和业务流程，健全岗位责任体系，排查和防范权力运行风险点，规范审查调查组权限，强化案件监督过程管理，健全加强审理监督相关制度。运用大数据手段规范和制约权力，搭建数据监督管理平台，实现非法业务不能流转、权限干预全程记录、临界业务自动预警，切实把纪检监察权力关进数据笼子。同时，主动对标对表，梳理需要向上级报告的重大事项，通过列席人大常委会、"一府一委两院"联席会等形式，通报监委工作情况，加强协作沟通，主动接受监督。

抓联动聚合力。紧扣监督执纪和监察执法链条，市纪委监委与人大、组织部、编办、财政等部门合力推进监察体制改革，探索建立与司法机关联席会议制度，牵头会同司法机关出台相关支持配合监察机关查办案件工作、违纪违法案件信息内部通报等制度规定，完善纪法贯通、法法衔接工作机制，形成职能部门之间信息共享、优势互补和协调联动的反腐败新格局。建立扫黑除恶专项斗争监督执纪问责工作指挥中心，组建线索核查专班，查找纪检监察机关与政法机关在行动同步、机制并行方面存在的短板，填补对行业部门的监管漏洞。

抓改革练内功。一体推进纪律检查体制改革、国家监察体制改革和纪检监察机构改革，促进纪律监督、监察监督、派驻监督、巡察监督协调联动。实行监审分离，设置专司监督检查、审查调查的纪检监察室，建立分工负责、协调配合、合力推动的工作机制。贯通运用"四种形态"，把握政策策略，强化证据意识和程序意识，有效衔接司法。以开展干部队伍建设年为契机，促进人员、思想、队伍、业务、文化深度融合，通过开展全员培训、实战演练等提升能力水平。

# 机制运行中发现的一些问题

监督检查缺机制。一是对于监察法中未进一步细化明确的内容，如履行监督检查职责的程序、操作规程、实施方式等，需要不断探索、规范、细化，从而构建起职责清晰、权责对等、履责到位、追责有力的监察责任落实体系。二是推动监察职能向基层特别是向各类开发区延伸需要进一步完善，往哪里派、怎么派、派出机构怎么管理等需要试点探索。同时，基层监察机构如何履行监察职责，在对辖区内监察对象开展监督以及对公职人员职务违法、职务犯罪的调查、处置时应赋予多少权限，还需进一步探索，监督从有形覆盖到有效覆盖还有差距。

外部协助缺细化。在办案信息查询中，有的信息查询涉及公安、工商、税务、银行等多家单位，这些信息专业性强、渠道分散、各自独立，有时查询数量大、审批程序复杂，查询耗时多成本高，影响监察机关对问题线索、案情研判和调查的时效性。此外，基层办案同志反映，监察法对监察机关指定管辖案件的办理作了明确规定，但在实际工作中，如出现同一被调查对象，既属于监察机关管辖又属于检察机关管辖的情况时，如何处理好两个机关的衔接，需要进一步建立完善相关统筹协调机制。

权限保障缺匹配。基层监察机关采取调查措施时，使用机制和保障措施不完备、不匹配，也制约着监察监督效果。如，在留置通知书送达方面，对留置通知书送达签收没有明确规定时，有的被调查人不配合签收，或者有的被调查人家属以不在辖区为由拒绝签收。又如，对于涉嫌贪污贿赂、失职渎职等严重职务违法或者职务犯罪，监察机关已经掌握其部分涉嫌违法犯罪事实及证据，由于被调查人不在管辖区域内，若将其带回本监察机关留置场所，实施过程中存在安全风险，有时需采取异地留置保证办案安全，但实践中异地留置或异地监察机关协同办案等方面的制度机制并不完善，会影响办案时效。

内部机制缺完善。监察法虽规定监察机关对被调查人采取留置的几种情形，但没有明确界定"严重""重大"的定性、定量标准，在留置审批环节，基层掌握"标准""尺度"不尽一致，有的过度"审慎稳妥"使用留置措施，但最终在复核中影响了审批时效。此外，基层普遍对涉及重大、疑难、复杂且有争议的案件，未建立审查调查与案件审理共同分析研判机制，执纪审查以执纪审理为中心、执法调查以审判为中心的理念还没有树牢。

## 提升监察效能的路径方法

完善监督检查机制。一是加快研究出台监委履行监督调查处置职责各环节的安全保障措施制度，确保履行职责安全、高效。探索运用批评教育、约谈函询、诫勉谈话等多种方式，让监督无处不在，以制度的刚性约束推动责任落实。特别要在探索运用大数据等新技术新手段发现问题线索上下功夫，扎实做好日常监督的"基本功"，把好监督第一道关口。二是围绕"监督什么、谁来监督、怎么监督、监督不到位怎么办、结果运用"等问题，对监督检查权限、事项、内容、程序、方式、结果等进行细化，出台可操作的实施细则，实行项目化管理、标准化规范。三是鉴于目前贵阳市实施城市社区基层体制改革，社区按照事业单位划分，暂不适宜对社区全面赋予监察权限，但可以借鉴"巡回法庭"等模式开展监察工作，就近解决群众身边的腐败问题。四是建立大数据公职人员职务违法、职务犯罪监督平台，将党员、监察对象的基本数据进行共享和分析研判，实现行政执法部门与监察机关的信息共享与监督联动。

规范留置措施使用。在留置时限方面，对一些重大、复杂案件办理时间不够的问题，建议将作出处理决定的时间放宽到检察院提起公诉前完成。在留置标准方面，优化留置措施风险评估办法，量化细化其适用条件和标准。尤其要大胆探索监察机关协作办案、异地留置等制度机制，建立公安机关配合监察机关协作机制，特别是明确在异地对被调查对象采取留置措施的相关问题，保障审查调查安全。

推动执纪执法联动。一是充分发挥各级反腐败协调领导小组和党委政法委的作用，在已出台的工作制度基础上，进一步健全规范司法执法机关配合监察机关的协作联动机制，提高协作效率。二是尽快完善指定管辖细则，细化相关操作办法，确保实现法法有机衔接，提高办案质量、效率。三是加快推进各类垂直管理部门和金融、电信等行业主管部门配合监察调查的制度建设，制定相应的操作规范，强化政策支撑、供给。

加强专业能力培训。加强对纪检监察干部法律法规的系统化培训，将党章和监察法以及监察延伸的相关要求纳入培训内容，通过以案代训、以培促干，通过开展跟班锻炼、轮岗交流、抽查办案、参与巡视巡察等方式，提高基层监察干部专业化法律素养和实战能力，做到"能监察、会监察"。抓好与即将出台的《监察官法》相关配套制度设计，在监察官的培养、准入、晋升、教育、管理等方面作出细化，提升监察官队伍的专业化、职业化水平。

发挥自我监督作用。一是在机构设置和职责分工上，继续推进省、市两级实行执纪监督和执纪审查"前后台"分设，由不同领导分管，不断完善信访问题线索处置、执纪监督、执纪审查、案件管理、审理等部门之间的相互监督制约机制。二是在决策机制上，健全完善集体研判决策制度，强化线索处置、案件调查、涉案款物管理、处置执行等工作，由集体研究决定。三是严格执行请示报告、回避、涉案款物管理、借用人员管理等规定，建立打听案情、干预过问案件、说情干预报告和登记备案制度，形成严密的自我监督体系。四是充分发挥纪检监察干部监督机构作用，严肃查处私存线索、跑风漏气、说情干预、以案谋私等违纪违法行为，坚决防止"灯下黑"。

# 五、发挥利剑作用　推动解决基层突出问题 *

## ——关于市县巡察向村级党组织延伸的调研

十九届中央纪委三次全会强调，持续深化政治巡视，完善巡视巡察战略格局。统筹安排常规巡视、专项巡视、机动巡视，把巡视巡察与净化政治生态相结合，与整治群众反映强烈的问题相结合，与解决日常监督发现的突出问题相结合，增强监督实效，加强对省区市巡视巡察工作的领导和指导督导，推动全面从严治党在基层见到实效。

为深入贯彻落实习近平总书记关于"党组织建立到哪里，巡视巡察就要跟进到哪里"的重要指示精神，切实加强村级党组织建设，31 个省（区、市）自《关于市县党委建立巡察制度的意见》施行以来，逐步推动市县巡察向村级党组织深化延伸，为巡视利剑直插基层探索积累了有益经验。

## 主要做法

加强统筹规划，压实主体责任。各省（区、市）党委和巡视工作领导小组普遍重视市县巡察向村级党组织延伸工作，不断加大统筹谋划和督促指导力度，推动县（市、区）党委履行主体责任，逐步形成"省统筹、市推进、县主责、乡整改"的工作格局。31 个省（区、市）均在巡视工作五年规划中明确市县巡察向村级党组织延伸的具体要求，天津、江苏、广西等 13 个

---

＊　中央巡视工作领导小组办公室。

省（区、市）明确要求县（市、区）党委一届任期内对所辖村级党组织巡察全覆盖。各县（市、区）认真制定工作计划和实施办法，细化履行主体责任的具体措施，明确乡镇党委负有支持配合职责，并承担巡察发现问题整改主体责任。江苏张家港、河南林州、云南文山等地结合村级党组织特点，进一步明确延伸巡察的体制机制、监督内容、工作流程，形成一整套相对成熟的制度规定。

聚焦巡察重点，回应群众关切。各地注重把巡察工作与村级党组织职责结合起来，与村民生产生活特点结合起来，与自然禀赋、风土人情结合起来，细化巡察监督内容，努力做到群众反对什么、痛恨什么，就重点巡察什么、纠正什么。浙江把村级党组织领导、支持和保障村民自治情况作为监督重点，福建突出对农村"三资"管理、工程项目等情况的监督检查，云南聚焦脱贫攻坚等惠农利民政策落实情况开展监督。

积极探索创新，确保巡察质量。在组织形式上，各地穿插使用不同的巡察方式，对经济总量大、矛盾突出的村开展常规巡察，对群众反映集中、指向比较明确的村开展机动巡察或专项巡察，对体量较小、问题较少的村实施"巡乡带村"巡察。在工作流程上，遵循精简高效原则，不拘泥于固有模式，视情简化巡察进驻沟通、动员、汇报等环节，体现"短平快"特点和效果。在具体方法上，把发动群众作为提升巡察质量的关键因素，深入田间地头、农户家中听取意见、发现问题。河南、广东等地运用开门迎访、入户走访、重点探访、跟踪追访等方法深入群众，掌握第一手资料；江西、湖南、重庆等地通过赶集天"摆摊设点"、村级"大喇叭"、百姓微信群等方式广泛宣传发动，做到群众会开到村小组、宣传资料发放到户、巡察公告全村知晓。

强化整改落实，增强群众获得感。各地坚持把推动解决问题作为巡察村级党组织工作的落脚点，注重立行立改、边巡边改、全面整改。安徽、陕西等地将巡察发现问题以清单形式向乡镇和村同时反馈，明确乡镇党委承担整改主体责任，村级党组织承担整改直接责任。河南针对巡察村级党组织发现的共性问题，由县（市、区）党委部署、相关职能部门牵头开展专项整治行动。四川利用张贴公告、召开村民大会等方式，及时将整改情况向村民公开。

# 基本成效

各地突出政治巡察定位，积极开展对村级党组织延伸巡察工作，已巡察 14.3 万个行政村，发现群众反映强烈的突出问题 39 万个，推动整改问题 26.2 万个。

发现并推动解决一批落实中央惠农利民、脱贫攻坚、乡村振兴等政策不到位的突出问题。各地坚持把"两个维护"作为根本政治任务，推动党的路线方针政策贯彻执行，保障党中央决策部署落地见效，发现并推动解决村级党组织宣传政策不及时、执行政策不精准、落实政策不到位，甚至利用信息不对称搞不作为、乱作为等突出问题 6.3 万个。某村在脱贫认定中弄虚作假，扣留贫困户创业补助资金，要求贫困户在上级调查时承认脱贫，否则不予发放，巡察发现后进行严肃追责并在全县范围内认真整改。某地巡察发现 1 名村党支部书记将种粮直补、粮食综合补贴挪作他用，以抽签形式选定贫困户，受到党纪处分。

发现并推动解决一批群众身边的不正之风和腐败问题。各地重点监督检查基层干部存在的贪污挪用、截留私分，优亲厚友、虚报冒领，雁过拔毛、强占掠夺，挥霍、侵占集体资金资产资源等突出问题，发现并推动解决群众身边的不正之风和腐败问题 8.1 万个。某地巡察发现多名村干部侵占扶贫资金问题，县纪委据此挖出 17 名村组干部虚列项目套取现金、滥发补贴等"抱团式"腐败问题。某地巡察发现 3 名村干部收受开发商贿赂、挪用集体资金的重大问题线索，相关人员很快受到严惩。

发现并推动解决一批村级党组织软弱涣散的突出问题，有效促进基层党组织领导核心作用发挥。各地巡察发现基层党组织动员服务群众能力不足、组织生活制度不落实、党员模范作用不突出等问题 14.4 万个，着力推动解决一些基层党组织弱化、虚化、边缘化突出问题。某地巡察发现农村"问题支部"数量多，部分村党员平均年龄超过 60 岁，参加党支部活动要靠"误工费"，最终这些"问题支部"得到有效整改。某村"两委"内耗严重，长期无法产生支部书记，10 年没有发展过党员，巡察后市、区、镇、村四级联动整改，村党支部建设得到加强。某地巡察发现 1 名村党支部书记培植私人势力，长期把持村务、以权谋私，问题线索移交后受到严肃处理。

发现并推动解决一批涉及民生领域的突出问题，进一步密切党同人民群众的血肉联系。各地坚持以人民为中心，紧盯民生事项，发现并推动解决基层干部态度简单粗暴、颐指气使，对老百姓合理诉求推诿扯皮、冷硬横推等群众反映强烈的突出问题 2.98 万个。某村相关公司存在噪音扰民问题，巡察组及时协调环保部门现场检测，问题很快解决。某村宅基地管理混乱，群众反映强烈，巡察组进驻后问题很快得到整改落实。某村公共饮水池严重污染，巡察督促乡党委及时解决。

发现并推动解决一批乡村治理的突出问题，助推乡村振兴战略稳步实施。各地巡察发现村级党组织领导经济社会发展不力、带领群众脱贫致富能力不强、村民自治流于形式、乡村发展严重滞后、意识形态阵地失守等问题 7.22 万个，推动解决一批反映农民权益保障不到位、涉黑涉恶等突出问题。某地巡察发现 1 名村党支部书记横行乡里、欺压百姓，纪检监察机关及时立案查处，有力打压了黑恶势力的嚣张气焰。某地巡察发现村务公开不到位问题普遍存在，巡察组推动立行立改，并提请市委在全市范围内集中整治。

# 实践思考

必须深化政治巡察，推动党的路线方针政策和党中央决策部署落到底落到位。巡视巡察的根本任务是"两个维护"，保障党的路线方针政策贯彻落实、保障党中央重大决策部署贯彻落实。村级党组织是贯彻执行党的路线方针政策的最后节点，群众是评判落实成效的最终裁判。随着农村改革的逐步推进、惠农政策的深入实施、涉农资金的大量流入，村级党组织权力集中、监管薄弱，组织力不强，战斗堡垒作用不突出等问题越发凸显。巡察村级党组织，必须紧贴基层实际突出监督重点，深入发现并推动解决贯彻党的路线方针政策不坚决、不精准等问题，切实发挥巡察的政治监督功能。

必须坚持以人民为中心的发展思想，以巡察的实际成效厚植党的执政根基。巡察村级党组织发现的问题中，群众身边的不正之风和腐败问题约占20%，与群众切身利益息息相关的民生问题超过 50%。对此，有的基层干部心存顾虑，害怕巡察翻出问题、影响稳定，把先进村搞坏了、把问题村搞乱了；有的巡察干部认为群众反映的多是民生问题，不属于政治巡察范畴。实践证明，问题捂着、盖着、压着，只会导致更大的问题，巡察组如果选择性受理，更会透支群众的信任。坚持人民群众最关心什么就巡什么、最需要什么就解决什么，这不是"小问题"，而是事关民心向背的"大政治"。

必须坚持实事求是、因地制宜，不断提高巡察村级党组织的质量和效果。全国行政村面广量大、情况迥异，巡察村级党组织不能搞一个模式、一刀切，更不能搞形式主义、走过场。一要分类施策。根据村的不同类型确定巡察模式，突出针对性和实效性。例如，巡察贫困村，应当聚焦脱贫攻坚政策落实等问题；巡察富裕村，应当聚焦集体"三资"管理等问题。二要创新方式。农村"熟人社会"、人情干扰问题比较突出，家族和姻亲关系错综复杂，群众反映问题顾虑较大。必须探索符合村级特点的组织形式，采取群众乐于接受、便于参与的方式方法，调动群众积极性、扩大群众知晓面、提升群众参与度。三要强化整改。对一些群众反映强烈、明显违反有关规定的问题，要督促立行立改；对一些在村一级难以解决的问题，由县委统筹安排，纪检监察机关和组织部门加强整改日常监督，督促乡镇和县直相关职能部门强化落实。

必须准确把握与村民自治关系，实现党的领导和村民自治有机结合、相互促进。没有党的领导和保障，就无法实现真正的村民自治。调研发现，凡是基层党组织软弱涣散的村，往往矛盾突出、治理混乱。党的政策无法在村一级有效落实，最终受损的是群众切身利益。巡察作为组织监督和群众监督相结合的有效方式，可以引导群众有序开展监督，支持村民开展自治活动，保障村民民主权利，充分彰显中国特色社会主义民主监督的制度优势。

必须加强领导、压实责任，确保巡察村级党组织有力有序稳步推进。巡察村级党组织责任重大、任务繁重，群众广泛关注，必须强化组织领导，有序推进。一是压实责任。厘清省、市、县、乡、村五级党组织的职责，明确省级统筹谋划，市级组织推进，县级履行主体责任，乡、村和县级相关职能部门落实整改，确保各司其职、形成整体合力。二是科学规划。巡察村级党组织不能盲目拼速度、赶进度，必须综合考虑、科学设计、精准测算，制定有形覆盖与有效覆盖相统一的工作规划和方案。三是统筹力量。整合现有监督力量，从县乡两级纪检监察、组织、财审、民政、农经等部门抽调相关人员组建巡察人才库。

# 六、充分发挥全面领导分级联动整体效能 *

## ——关于山西省巡视巡察上下联动工作的调研

十九届中央纪委三次全会提出，持续深化政治巡视，完善巡视巡察战略格局。坚持和完善党中央统一领导、分级负责的巡视巡察领导体制，研究制定关于建立巡视巡察上下联动监督网的实施意见，加强对省区市巡视巡察工作的领导和指导督导，推动全面从严治党在基层见到实效。

为贯彻落实中央决策部署，山西省委确立了"加强党委全面领导、强化上下分级联动、完善部门协作机制、充分发挥整体效能"的总体思路，以"六纵六横"联动机制建设为抓手，探索完善省市县三级巡视巡察工作纵向衔接、协调推进、上下贯通的联动格局，取得了积极进展。

## 实践——建立联动体系，完善战略格局

整体布局。省委和省委巡视工作领导小组整体布局巡视巡察联动工作，从指导意见、配套制度、联动机制三个层面，全面推进上下联动、纵横交错的全方位、立体式联动监督网建设。省委印发的《关于建立巡视巡察上下联动监督网的指导意见》，建立以"六纵六横"为主干的 12 项配套制度。其中，"六纵"包括组织领导、谋划部署、组织实施、成果运用、制度建设、队伍建设等上下联动机制，推动实现巡视巡察根本任务上下一致，确保上借下

---

* 山西省委巡视办调研组。

力、下乘上势发挥监督叠加效应和整体效应;"六横"包括巡视巡察与纪检监察、组织、政法、宣传、审计、信访等部门的协作配合机制,有序规范信息沟通、人员协作和整改监督等方面的工作,确保形成监督合力。省委巡视工作领导小组以此为抓手,对协作配合进一步明确范围、标准与程序,为上下联动工作的系统规范开展提供制度遵循。

强力推进。省委全面加强对上下联动工作的领导指导督导,领导小组集中精力、集中力量,推动省市县三级共同进行重点探索,以重点突破打开联动工作新局面。一是探索巡视巡察联动监督。重点在构建一职双责统分结合的人员调配机制、上借下力下乘上势的优势互补机制、互学互鉴指导传导的经验交流机制、有效衔接规范高效的沟通联络机制、信息互通一体运用的成果共享机制等方面进行深入探索。全面铺开不同巡视板块上下联动的探索,针对不同板块分别采取同步式、对口式和协作式上下联动,以进一步检验丰富联动工作的具体内容、路径和方式。二是着眼破解"熟人社会"监督难题,探索推进市县统筹巡察。制定完善推进市县巡察统筹工作的有关实施意见,在坚持主体责任不变、办组关系不变、工作权限不变的原则下,由市委巡察办整合市县巡察力量混合编组,统筹工作任务、工作力量、规范流程、督查考核,探索开展以县力量、市统筹为主要方式的交叉巡察,较好地解决了"不敢巡""不怕巡""不信巡"等问题。三是着眼压力传导,探索开展提级巡察。对下级巡察对象中资金项目聚集、问题反映集中、本级巡察难度大的地区(单位)党组织,由市委巡察组直接巡察,用"级差"阻断"熟人网络"。四是着眼打通全面从严治党"最后一公里",推动市县巡察向村、社区党组织延伸。中央巡视工作五年规划出台后,省委明确提出着力实现市县巡察向村、社区党组织延伸全覆盖,领导小组确定阳泉市作为全省对村巡察试点地区。在对试点地区边指导边探索的基础上,省委巡视办重点对巡察内容、组织方式、具体实施、流程方法、组织保障等方面进行总结提炼,并督促全省各市县结合实际制定工作意见、出台工作方案。五是着眼净化政治生态,探索完善政治生态评估制度。在自评、巡评的基础上,协调纪委监委、组织部门等第三方参与政治生态评估,出台《关于加强党对反腐败工作全过程领导常态化制度化长效化的实施意见

（试行）》，就巡视巡察机构对被巡视巡察党组织开展政治生态评估工作提出明确要求。

加强协作。一是巡前准备阶段，抓好联动沟通，实现无缝对接。巡视开始前，省委巡视办主动与纪委监委、组织部门等相关单位沟通联系，广泛收集有关政策资料和问题线索情况，省纪委监委将有关谈话函询材料交由巡视组进行印证了解，确保巡视组充分掌握情况。二是巡中了解阶段，抓好联动监督，实现优势互补。省委巡视办加强上下联动、左右协调、内外联系，与组织部门、宣传部门等相关单位协调建立了专项检查工作机制，对被巡视地区（单位）选人用人情况、意识形态工作责任制落实情况开展专项检查，检查情况纳入巡视报告。三是巡后整改阶段，抓好联动整改，实现齐抓共管。省委巡视办协调建立了成果运用办理机制，巡视结束后，按照干部管理权限和职责分工，将巡视报告、问题线索、反馈意见分类移交纪检监察机关、组织部门、意识形态主管部门和有关职能部门，共同做好巡视"后半篇文章"。同时，重点加大对整改督查督办的跟踪了解和统筹督促力度，推动纪检监察机关和组织部门把巡视整改作为日常监督内容，推动监督落地落实落细，并将整改情况和整改监督情况纳入下一轮巡视重要内容。

## 不足——统筹协调难度大，联动实效需加强

主体责任有待进一步压实。联动是在各级主体责任基础上的联动，强调主体责任不变，坚持分级负责，但实际工作中，部分市级党委在上下联动、统筹巡察的组织实施过程中，对县级巡察进行统筹的"度"拿捏得不够精准，有的管得过多、过于直接；部分县级党委主体责任履行不积极、不主动、不到位，思考不多、配合不够，有依靠上级、等待观望的思想，层层压实、分级落实主体责任工作机制还需加强。

思想认识有待进一步提高。联动工作目前正处于从"相加"到"相融"的转变阶段，部分市县党委和巡察干部对上下联动在完善巡视巡察战略格局、推动巡视巡察高质量发展中的作用和意义理解不到位，对自身在

上下联动中的工作职责认识不清晰、定位不准确，有的存在本位主义，不积极甚至有抵触情绪；有的在联动中被动跟随，"听招呼、等安排"，消极履职。

体制机制有待进一步完善。联动工作的体制机制目前还在探索完善中，系统性、科学性还有待提高；部分制度还处于原则性的指导意见阶段，须边实践边调整边完善。巡视巡察工作约谈制度、考核评价制度、责任追究制度等还有待建立健全；上下级之间联动交流的信息渠道、范围界限还有待明确，衔接融合还不够，指导互动、人员交流还不足，成果一体运用还不够。

队伍建设有待进一步加强。部分巡察干部在联动模式下开展工作的经验不足，整体意识和协作意识还不强。联动监督阶段性开展，人员多且结构来源复杂，有效有力的约束激励机制还有待健全，干部管理难度较大。

联动实效有待进一步强化。部分市县党委落实精准联动、有效联动的能力不足，部分联动工作有形式、缺内容，重过程、轻结果，"戴着联动的帽子，各干各的活儿"，联动发现的系统性、领域性问题数量偏少、深度不足，联动合力和整体成效有待提升。

# 建议——完善体制机制，全面细化深化

压实主体责任。着力完善以各级党委主体责任落实为核心的联动责任体系，推动各级党委自觉履行巡视巡察工作主体责任，把"两个维护"作为根本任务，推进政治监督具体化、常态化。建立健全巡视巡察机构的报告报备、监督检查制度，推动建立巡察工作约谈制度、考核评价制度、责任追究制度，加强压力传导，发挥省委巡视在上下联动中的关键环节作用和市县巡察在上下联动中的基础环节作用，进一步压实上级党委主导联动的领导责任和下级党委参与联动的配合责任。

提高思想认识。要充分认识上下联动是巡视工作深化发展的重要抓手，强化联动是做好自身工作的内在要求。上级党委要充分考虑基层特点，尊重基层实际，合理把握加大协调和一体推进的关系、发挥市县积极性主动性与加强督导指导的关系，加强整体谋划，作出统筹安排，避免上下一般粗。下级党委要树立大局观、全局观，克服本位主义，加强整体思维，积极主动履职，提升精准衔接和精准落实能力。

完善联动机制。深入总结党的十九大以来巡视巡察上下联动工作的理论创新、实践创新、制度创新成果，把握规律，加强总结，及时把实践证明行之有效的经验做法固化为制度、机制、程序。建立巡视巡察办主任例会制度，加大谋划部署联动和研判协作力度。探索不同板块下的联动路径、不同内容下的联动机制，以巡视带巡察，统筹区域联动，推动巡视工作落下去、落到底。深化细化工作规范，完善衔接承接配合，实现点对点的精准对接，推动巡视巡察从工作部署、力量调度、行动协同、信息互通、专业支持、队伍建设、成果运用等方面做到深度融合，完善上下贯通、一体运行的联动机制。

加强队伍建设。进一步加强巡视巡察队伍的规范化、一体化、专业化建设，坚持政治标准一致、机构设置一致、纪律要求一致、推进建设一致。根据联动方式，多渠道调配使用干部，优化力量配置，聚力出击。在联动中历练培养巡视巡察干部，提高巡视巡察干部的联动意识和协作能力。加强作风纪律建设和纪法教育培训，主动接受上级巡视巡察机构监督管理，自觉接受党内监督和其他各方面监督，建设忠诚干净担当的巡视巡察铁军。

强化联动实效。深入把握联动工作规律，切实增强联动实效，放大一体监督效能。按照因地制宜、有序承接、有效贯通、有机结合的原则，配合上级工作安排，谋划本级党委一届任期内的工作规划和全覆盖任务，实现精准对接。坚持联动问题导向和目标导向相结合，把巡视巡察与净化党内政治生态相结合，与整治群众反映强烈的突出问题相结合，与解决日常监督发现的突出问题相结合，着力发现和促进解决群众身边的腐败问题和不正之风，实现精准联动。对巡视巡察发现的普遍性、倾向性问题，移交有关职能部门，为深化改革、完善制度机制提供问题导向参考，发挥巡视巡察标本兼治的战略作用。

# 七、强化政治担当　发挥探头作用 *

## ——关于加强派驻监督工作的调研

十九届中央纪委三次全会强调，深化派驻机构改革，分类推进体制机制创新。加强对派驻干部的教育培训、管理监督和考核评价，提高派驻监督全覆盖质量。

日前，广西壮族自治区纪委监委驻自治区党委办公厅纪检监察组对派驻机构如何提高政治站位有效发挥派驻监督作用开展调研。

## 派驻监督效果进一步显现

派驻机构的监督是全方位、多视角的监督，从目前的实践来看，一般有几种做法。一是参加、列席综合监督单位领导班子会议，对重大事项决策、重要干部任免、重要项目安排和大额资金使用等"三重一大"事项研究决策过程进行监督。二是开展专项检查进行监督。如，开展对贯彻落实中央八项规定精神等情况的专项检查。三是开展综合检查进行监督。如，对扶贫领域腐败和作风问题专项治理、整治形式主义和官僚主义等问题开展综合检查。四是开展日常检查进行监督。如，通过对综合监督单位党员干部进行廉政谈话、按照干部管理权限对党员干部出具廉政鉴定等方式开展日常监督检查。五是开展回访式检查进行监督。如，年终对综合监督单位一年来关于巡视发

---

＊　广西壮族自治区纪委监委驻自治区党委办公厅纪检监察组。

现问题整改情况等进行回访式检查。六是开展延伸式检查。不仅要到综合监督单位检查贯彻落实党的路线、方针、政策，履行"两个责任"和遵守国家法律、法规情况，还要到市县相关部门了解综合监督单位遵守纪律和国家法律法规的情况。七是通过受理信访举报和问题线索进行监督。通过在各综合监督单位及其门户网站公布信访举报电话、举报地址等方式，接受社会和群众的信访举报。

通过开展多种形式的监督，取得了较好效果。一是督促了综合监督单位领导班子落实全面从严治党主体责任，特别是督促了班子主要负责人当好第一责任人，履行好"一岗双责"的责任。二是督促了综合监督单位领导班子成员遵守党章党规党纪、执行党的路线方针政策和决议、推进党风廉政建设和反腐败斗争，使综合监督单位严格按照党纪法规想问题、办事情。三是加强对权力运行的监督，进一步规范工作程序，对各综合监督单位存在的廉政风险点进行重点监督、重点检查，有效防范了廉政风险的发生。如，"三重一大"事项决策实施全过程，派驻机构派员参与，进一步理顺完善了事前、事中和事后监督的机制和程序，强化了派驻监督效果。四是深入开展党风廉政教育。通过组织党风廉政教育宣讲活动、观看廉政电教片、组织专题辅导和讲座等形式，大力开展理想信念教育、党性党风党纪教育、典型示范教育和警示教育，引导党员干部树立廉洁意识。

## 派驻监督存在的一些问题

不敢大胆监督。有些派驻机构思想认识还不够全面，政治站位不够高、大局意识不够强，没有充分认识纪检监察体制改革后派驻机构的职能定位，习惯于用老思想、老观念、老办法思考和处理问题。派驻干部的工作圈子、人际交往多在驻在部门，一些干部习惯于当老好人、当甩手掌柜，工作起来缩手缩脚，监督起来畏首畏尾。有的驻在部门在履行全面从严治党主体责任、推进党风廉政建设等工作方面，依然存在党组安排、派驻纪检监察组落实的现象，对派驻监督是代表纪委监委对驻在部门进行监督的这一理念认识不清。甚至有的驻在部门认为派驻机构是专门监督他们的，对派驻机构和派驻监督有提防意识和抵触情绪，接受监督的主动性不强。

不会有效监督。派驻全覆盖后，自治区纪委监委加大了对派驻干部的业务培训和岗位交流力度，派驻干部的履职能力得到明显提升，但这离履职要求还有一定的差距。一些派驻机构人员偏少且结构不合理，具有财会、审计等专业背景和司法机关工作经历的人才少。有的派驻干部对业务不够熟悉，特别是监督检查和执纪审查经验不足，运用纪法衔接、法法衔接能力不够，方法方式把握不准。个别派驻机构监督的方式方法单一，处理问题简单粗暴，运用"四种形态"不够准确，不能够准确把握"常态、大多数、少数、极少数"的关系，不能恰当运用批评教育、诫勉谈话、轻处分和组织调整、重处分和作出重大职务调整、立案审查等方式处理各类违纪行为，对个别案件定性量纪不够准确，影响了派驻监督的权威。

机制不够完善。对派驻机构工作规范化制度化建设还需进一步完善。一是派驻纪检监察组与纪委监委机关相关处室的配合协作关系需要理顺。实践中，一些派驻纪检监察组要对应纪委监委机关多个处室，往往对多个部门安排的工作任务应接不暇，有时一项工作任务还会重复布置。二是派驻机构与驻在部门机关纪委的联动机制也不顺畅，没有整合机关纪委资源，发挥最大作用。三是派驻机构合作机制发挥不够充分，派驻机构之间在监督执纪审查调查方面协作不够，基本上靠单打独斗，没有最大限度地实现资源共享，形成合力。四是派驻监督与纪律监督、监察监督、巡视巡察监督之间还没有实现完全融合，与"既实现监督全覆盖、无死角，又要职责不重复、不交叉"的要求还有差距，质量和效率需要进一步提升。

# 进一步强化派驻监督的思考

提高政治站位，认清职能定位。各派驻机构要进一步认识到，派驻机构由自治区纪委监委直接领导、统一管理，履行对驻在部门的监督职责，必须对自治区纪委监委负责并请示报告工作。派驻机构依据党章、宪法和监察法，根据自治区纪委监委的授权，履行党的纪律检查和国家监察两项职责。派驻机构必须提高政治站位，认清职能定位，摆正位置，坐正身子，挺直腰板，时刻瞪大眼睛、伸长耳朵，及时发现问题，理直气壮开展监督。派驻机构开展好政治监督，要不断强化"两个责任"，引导党组和主要负责人澄清模糊认识，切实转变观念，强化"一岗双责"意识，自觉落实党风廉政建设主体责任，积极支持派驻机构履职尽责。同时，要加强纪检监察工作宣传，抓好党风廉政建设形势、任务以及相关政策的宣讲，让综合监督单位广大党员干部深入了解纪检监察工作性质、办事程序及相关要求，为纪检监察组顺利开展监督营造良好的工作氛围。

建立健全制度，聚焦主责主业。进一步明确和规范派驻机构的工作职责、工作定位、工作关系、教育管理和工作保障等，切实从制度层面解决派驻机构有效履行监督的问题。派驻机构要强化"监督的再监督，检查的再检查"职能，既要代表自治区纪委监委督促综合监督单位领导班子认真履行主体责任，又要协助综合监督单位领导班子抓好党风廉政建设和反腐败工作，还要抓住"关键少数"，强化对驻在部门领导班子及自治区党委管理干部和处级干部的监督。要敢于监督，要保持高度的政治敏感性和责任心，把党的纪律和规矩始终挺在前面，坚持"零容忍"。要善于监督，既要大胆监督，又不能超出职责范围，不能扰乱驻在部门的正常工作秩序。要正确处理好与自治区纪委监委、驻在部门的关系，做到不越位、不缺位。

顺应形势要求，创新开展工作。要不断提高发现问题的能力以及执纪审查和监察调查的分析能力、研判能力、处置能力。一是做好纪法贯通。自治区纪委监委对派驻机构授予监察权限后，派驻机构既要审查违纪问题，又要调查违法问题，在开展工作中必须坚持纪在法前、纪严于法，实现执纪审查和依法调查有序对接、相互贯通，使执纪执法同向发力、精准发力，实现政治效果、纪法效果、社会效果相统一。二是做好法法衔接。派驻机构依法调查职务违法和犯罪案件，调查取得的证据要与刑事审判的要求和标准相一致，要正确运用监察法规定的谈话、讯问、搜查、留置等12种调查措施，掌握各项调查手段的审批程序、工作流程，严把事实关、程序关、法律适用关，提高工作质量和工作效率，确保每一起案件都经得起历史、人民、实践的检验。

加强队伍建设，提升综合素质。一是加强派驻干部队伍建设。要将派驻干部任用、交流、考核、培训等纳入纪委监委系统整个干部队伍建设的"大盘子"，与纪委监委机关干部一视同仁，建立纪委监委机关和纪检监察组干部双向交流机制，在轮岗、挂职、提职、评优、培训等方面统一安排。坚持高标准、严要求，注重优化派驻干部队伍结构，统筹考虑人员的配置和梯队建设，通过各种渠道畅通派驻干部的使用和交流。二是加大教育培训力度。坚持系统性培训和专业性培训相结合，通过业务学习、以案代训、以巡代训、交流任职、上挂下派等方式，不断提高派驻干部的专业化能力。同时，支持和鼓励派驻干部参加综合监督单位的相关业务培训，提高培训的实效性和针对性，不断拓宽派驻干部的视野和丰富派驻干部的工作经验。

# 八、不断将监督从有形向有效推进 *

## ——深化基层派驻监督工作的实践与思考

十九届中央纪委三次全会强调，深化派驻机构改革，分类推进体制机制创新。加强对派驻干部的教育培训、管理监督和考核评价，提高派驻监督全覆盖质量。

派驻纪检监察组是纪委监委的重要组成部分，有效发挥派驻纪检监察机构"派"的权威和"驻"的优势，切实提升监督实效，是深化全面从严治党的必然要求，是确保驻在单位和部门贯彻落实中央和地方决策部署的重要保障。

日前，云南省昆明市纪委监委认真分析查找派驻纪检监察机构职能作用发挥方面存在的问题，并对推进派驻机构职能更加优化、权责更加协同、监督更加有力、运行更加高效提出建议。

## 派驻监督实践初探

制度机制初步建立。通过制定行之有效的制度规定，明确派驻机构干部管理权限及职能职责，进一步规范权力运行。各派驻机构结合驻在部门特点，围绕监督重点、监督措施、工作流程、内部管理等方面建立了一系列制度，为派驻机构职能作用的发挥提供了有力保障。如，市纪委监委制定出台

---

* 云南省昆明市纪委监委研究室。

派驻机构监督执纪监察工作办法、派驻机构管理实施细则等系列制度机制。

监督力量逐步整合。针对部分派驻机构缺乏查办案件经验及审查调查力量薄弱等问题，探索建立联动协作工作机制，形成日常监督以"驻点"为主，重大监督检查、重要问题线索核实等重点任务"联片"协作的格局，达到人员机动调配、力量有效整合的效果。如，昆明市纪委监委将 28 个派驻纪检监察组组合成 7 个联动协作组，每个协作组由 4 个派驻纪检监察组、1 个纪检监察室和 1 个审查调查室构成，有效整合了执纪监督和审查调查力量。

监督效果稳步提升。各派驻纪检监察组自觉强化"身份意识"，把握职能定位，以在融入融合中发挥好监督作用为立足点，结合监督单位业务工作、行业特点，聚焦监督重点，履行好"探头"之责，对监督单位的党员、干部中存在的苗头性、倾向性问题基本能够做到早发现、早纠正、早处置。如，2018 年，昆明市 28 家派驻纪检监察机构共处置问题线索 367 件次，谈话函询 104 件次，立案 92 件，处分 85 人，效果明显。

## 制约监督效果的一些问题

思想认识不足。一是被派驻部门认为与纪检监察相关的工作都是派驻机构的事，混淆了监督者与被监督者的关系；还有的部门对派驻机构有防备心理，工作支持配合不够。二是有的派驻人员过去长期在驻在单位工作，习惯站在驻在单位的立场上看问题，思维定式、行为习惯根深蒂固，工作上向驻在部门领导请示汇报多，向纪委监委请示报告少。三是部分派驻干部年龄偏大，思想上出现"年龄上接近退休、政治上提拔无望、工作中充当老好人"的想法，开展监督工作的积极性不高。

监督力度不够。有的派驻机构把主要精力放在管中层及以下干部上，很少向本级纪委监委报告驻在部门领导班子及其成员重要情况和倾向性问题；有的对一些严重复杂的问题线索搞"一谈了之""一函了之"，甚至长期存在"零执纪"问题；有的对专业知识缺乏主动学习、深入思考，导致监督重点不突出，监督方式单一；有的派驻机构负责人政治站位不高，开展工作抹不开面子，对发现的问题"软处理"；有的因派驻机构监督对象庞大、专业性强、人员情况复杂，工作中存在畏难心理，对发现的问题睁一只眼闭一只眼，担当精神不够。

机制健全滞后。一是派驻纪检监察组与纪委监委机关相关处室的配合协作机制、派驻机构与驻在部门的联动机制不够顺畅，合作机制发挥不够充分，在监督执纪审查调查方面协作不够，没有最大限度地实现资源共享，形成合力，质量和效率需要进一步提升。二是派驻机构开展监察工作缺乏具体详细的操作规范，派驻机构的管理体制有待进一步完善。由于派驻机构分散在各单位，工作中与本级纪委监委其他部门联系相对较少，容易造成封闭式运转，在干部交流晋升方面派驻干部容易被"边缘化"，一定程度上影响了派驻干部的工作积极性。

业务能力缺乏。监察职能的履行对派驻人员的业务素质、知识储备、工作经验等提出了更高的要求，有的驻在单位工作专业性强、领域宽，派驻干部普遍感到有外行监督内行的本领恐慌，有的派驻干部很少办理或者从未办理过党纪、政务案件，监督执纪和办案经验缺乏，办案能力、发现问题线索的能力亟待加强，特别是运用纪法贯通、法法衔接能力不够，方法方式把握不准，处理问题方式简单，运用"四种形态"不够准确等。

# 切实提高派驻监督全覆盖质量

提高政治站位，深化思想认识。一是派驻机构要深刻认识派驻监督的本质是政治监督，要站在政治和全局的高度来认识和把握监督工作，从维护习近平总书记党中央的核心、全党的核心地位，维护党中央权威和集中统一领导的角度开展监督工作，把坚持和加强党的全面领导贯穿于派驻监督工作全过程，确保党的路线方针政策和决议贯彻执行。二是要认识到派驻机构是派出机关的重要组成部分，派驻机构与驻在部门和联系单位是监督与被监督的关系，要在工作中不断提高政治站位，处理好敢于监督和善于监督的关系，切实放下和坚决打消不敢监督的思想顾虑，大胆监督、果断监督、勇于担当、秉公执纪执法。

聚焦主责主业，强化履职担当。要把驻在单位的政治生态研判透、分析透，抓住驻在单位落实全面从严治党主体责任这个"牛鼻子"，对落实全面从严治党主体责任的薄弱环节以及监督检查发现的突出问题，督促驻在单位研究制定具体防范和解决措施。要督促驻在单位党组抓好巡视巡察反馈问题整改和移交线索处置，协助驻在单位党组做好本系统巡察工作，不断增强巡察工作的针对性和实效性。要加强对重点"人"和重点"事"的监督。紧盯驻在单位重要部门、核心岗位、权力运行的关键点，内部管理的薄弱点，问题易发的风险点，严肃查处作风不严不实，不作为、不担当等问题，发现苗头及时提醒，出现问题谈话诫勉，对严重违纪问题坚决立案查处。

健全制度机制，确保衔接顺畅。要建立健全职能部门分工负责、协调配合的派驻工作领导体制，加强对派驻机构的管理、服务和保障，建立定期约谈派驻机构负责人制度，听取重大事项报告，及时掌握派驻机构工作动态，协调、帮助派驻机构解决各种矛盾和问题。要建立完善派驻机构管理办法，使派驻机构的日常管理和业务工作有章可循、有规可依，制定适应新时期派驻机构特点的交流轮岗、提拔任用制度，打通派驻机构和纪委监委机关的干部交流、培养、晋升渠道，切实提升派驻机构人员工作积极性。要建立对派驻机构的管理考核制度，实现对派驻机构履职情况的量化考核，推进派驻监督工作更加高效。

创新方式方法，精准有效监督。要加强各派驻纪检监察组之间的交流协作，在相互学习监督经验、拓宽监督视角、丰富监督手段、科学谋划监督等方面形成互促共进的协作机制、创新机制，不断提升派驻监督效率和质量，切实做到派驻监督"有效覆盖"。要针对基层熟人社会监督难、监督效果不明显等问题，探索开展派驻机构联合监督机制、交叉检查机制，切实突破人情藩篱，凸显派驻监督质效。要探索运用"大数据"监督手段，通过利用信息共享等机制及时掌握被监督单位相关动态，及时发现苗头性倾向性问题。要探索充分调动发挥社会监督、群众监督力量的方式方法，充分发挥特约监察员、新闻媒体的作用，进行立体化监督，形成各方发力、同频共振的监督网络。

加强队伍建设，提升能力素质。一是研究制定专业人才引进办法，通过公务员招考、选调、遴选等方式，选录法律、财会、审计等专业政治素质好、业务能力强、实践经验丰富的同志充实派驻机构队伍，尽可能让派驻队伍与实际工作需要相适应。二是分期分批组织派驻干部参加各级纪委监委组织的业务培训、能力素质提升培训，立足工作实际，有针对性地开展系统性、实战性的纪检监察业务学习培训和岗位练兵，在提素质、增本领、强能力上下功夫；派驻干部要主动加强对驻在部门相关业务的学习，找准监督工作的结合点和切入点，切实做到敢监督、会监督、善监督。三是严格执行监督执纪工作规则，强化自我监督、自我约束，规范行使监督执纪权力，派驻机构负责人要带头遵纪守法，担负起对派驻干部的教育、管理、监督责任，管好自己、抓好班子、带好队伍，把严明的纪律落在日常，督促派驻干部知边界、明底线，依规依纪依法履行好纪检监察职责。

# 第三部分
## 做实监督第一职责

# 一、有力有效履行第一职责 *

## ——关于云南省开展监督工作的实践和思考

党的十九届四中全会提出，必须健全党统一领导、全面覆盖、权威高效的监督体系，增强监督严肃性、协同性、有效性。

党要管党、从严治党，"管"和"治"都包含着监督。抓住了监督，就抓住了管党治党的关键。作为党内监督、国家监察的专责机关，监督是纪委监委的第一职责，能不能在日常监督、长期监督上创新突破，关乎党和国家监督体系能否彰显制度优势，关乎纪检监察体制改革能否发挥治理效能，关乎新时代纪检监察工作能否实现高质量发展。

## 监督缺失是政治生态出现问题的根源

近年来，云南省的反腐败工作备受中央和社会各方面关注。一段时间里，云南省党政主要领导和一批中管干部以及重要岗位的省管干部接连出现严重的违纪违法问题，不良政治生态尤其是用人导向的扭曲，导致了一系列严重后果和连锁反应。一些察言观色、能跑会送的投机型干部得到提拔重用，"拜官公朝、谢恩私门"，从而导致"劣币驱逐良币"；也有一些干部政治敏锐性差，政治是非观缺失，正义感缺失。云南政治生态出现这样错综复杂的局面，最重要的一条，就是缺乏有力有效的监督。

---

* 冯志礼，云南省委常委、省纪委书记、省监委主任。

对此，云南省委坚决肃清流毒影响，组织全省各级党委班子以各种方式全面"识毒""排毒"，政治生态逐步向好。

但是，应当看到，当前云南政治生态的"出血点"仍然很多，构建不敢腐、不能腐、不想腐的体制机制任重道远。一是对一些干部履职和工作中的纪律、作风等方面的突出问题，没有及时发现，没有针对性地解决，日积月累，愈演愈烈。二是纪检监察机关在履行监督职责的理念、实践、方式等方面，存在明显短板。在监督理念和监督实践上，存在不敢、不会监督等问题；在监督方式上，对一些苗头性问题警觉不够，没有真正做到抓早抓小。三是没有深刻分析省情特点给政治生态带来的影响，缺乏严格监督的氛围。云南的政治生态，有着特定的时空环境特点。一些干部缺乏政治安全感，对政治污染的容忍度过高，一些干部或是选择明哲保身，或是遵守"潜规则"，成为"沉默的大多数"。由于政治生态长期受损，一些干部长期深受余毒影响，在威权和亲情、族群利益面前，无视党纪国法，不知敬畏，缺乏被监督的自觉和意识。

## 强化监督实践面临的突出问题

当前，云南省纪检监察机关紧紧围绕修复净化政治生态，不断强化履行监督第一职责。一是把政治监督摆在首位。对全省贯彻落实习近平总书记重要指示批示、"三大攻坚战"、中央巡视反馈意见整改落实等情况开展监督检查，督促落实生态环境治理保护问题整改。二是针对工作中的堵点、卡点，创新监督方法，不断丰富谈话函询的内涵和方式，以开展政治关爱式谈话推进蹲点式调研，努力寻找监督工作新支点。三是转变监督理念，始终坚持"惩前毖后、治病救人"的党内监督和执纪执法工作原则，把事前监督当作是对党员干部的"政治体检"，在抓早抓小中体现政治关爱。

调研发现，在不断强化监督工作的过程中，仍然面临三方面的突出问题。

首先，与政治机关的要求还有差距。一是政治意识不强。有的对政治机关本质属性把握不准，把讲政治的要求贯穿于工作全过程、各环节不到位。二是政治能力欠缺。有的不善于把握政策和策略，考虑纪法效果多，考虑政治效果、社会效果少。有的不善于做思想政治工作，不能通过深入细致的政策引导去说服教育。三是政治监督首责落实有差距。有的对政治监督的概念不清楚、职责把握不到位，导致政治监督泛化、不聚焦。有的把政治监督当作口号喊，缺乏具体实在的举措，导致政治监督虚化、不落地。有的以查处代替监督，导致政治监督滞后、不及时。

其次，监督工作仍然是"第一短板"。目前，全省监督全覆盖的网络初步形成，但"网眼"还很大，机制、制度编织得不密，特别是监察体制改革后，全省监督对象从35万人扩大到157万人，对于纪检监察机关有限的监督力量，一些突出问题亟待解决。从巡视发现的问题和查办案件情况来看，有的党委没有扛稳抓牢主体责任，管党治党压力逐级递减，"上热中温下冷"；有的党组织任命干部、使用干部，但不管理干部，全面从严治党"口号喊在党委、工作落实在纪委"。2019年1月至10月，全省纪检监察机关立案9091件，同比上升43.9%，其中：省管干部84件，同比上升50%；县处级干部489件，同比上升27.3%。数字的背后，反映出云南省反腐败斗争依然严峻复杂的形势，也反映出监督基础薄弱。

最后，纪检监察监督水平不高。一方面，在创新监督方式上意识不强、方法不多，监督手段需要丰富。一些问题线索在处理时，由于前期分析研判不到位，经常"一谈了之""初核未果"，或者虽然有了处理结果，但因"四种形态"贯通运用能力欠缺，不能有针对性地进行处置。实际处理时，往往就事论事，既没有加深教育、警示惩戒，也没有举一反三、堵塞漏洞，在灵活运用问责、约谈、纪律检查建议书和监察建议书等利器督促主体责任落实方面还有欠缺。另一方面，主动监督、精准监督不够。有的纪检监察机关离开问题线索、离开信访举报，就不会监督。有的纪检监察机关不敢监督、不愿监督，监督执纪问责"宽松软"，监督不"带电"，纪律不"长牙"。

## 立足省情实际补齐监督短板

第一，政治监督要着眼于"两个维护"。针对云南实际，要更加自觉地把"两个维护"贯穿于纪检监察工作中，推动政治纪律监督具体化、清晰化，紧盯不敬畏、不在乎，喊口号、装样子的问题，坚持从政治纪律查起，防止讲政治只停留在表达、表态上，防止"标签式""浮萍式"的政治敷衍。要保持政治巡视威慑力，发挥巡视巡察政治监督和政治导向作用，统筹贯通纪律监督、监察监督、派驻监督、巡视巡察监督，综合运用多种方式打好"组合拳"。要一把尺子量到底，要坚决抵制"山头主义""圈子文化"，坚决防止片面强调客观因素而降低监督执纪标准。

第二，压实全面从严治党"两个责任"。坚持和完善州市、省直部门党委（党组）书记向省纪委常委会专题报告履行全面从严治党主体责任情况的制度。把各级党委（党组）书记履行全面从严治党主体责任情况作为巡视巡察、日常监督检查的重要内容，督促问题整改落实，用好问责利器。纪检监察机关要认真履行协助职责，经常给党委（党组）提建议，为党委（党组）抓实抓细主体责任提供载体和抓手。要加强上级纪委监委对下级纪委监委日常履职情况的检查考核，督促下级纪委监委做实做细监督第一职责。要抓好纪委监委派驻机构的监督工作，强化对下级党组织一把手、领导班子、班子成员及部门管理的二级单位班子和领导干部的监督，发挥好派驻机构的监督"探头"作用。

第三，集中整治信访举报工作中的突出问题。针对反复举报、越级举报、不实举报、诬告陷害等问题，持续深入推进专项整治。严格实名举报办理工作标准。对实名举报办理，建立"优先受理、优先排查、优先办理、优先反馈"的工作机制，推动形成全社会监督的氛围。加强对互联网监督的引导、规范，提高网络舆情工作的"时度效"。对网络实名举报以及舆情暴露出来的问题，及时调查、核实。紧密跟踪群众对涉腐案件的回应和期待，迅速准确地发现和处置各类涉及纪检监察工作的突发舆情，及时回应社会关切。

第四，强化"良医治未病"的日常监督理念。纪检监察机关是政治机关，必须把党管理干部的重要经验和优良传统作为严肃政治要求，具体化地体现落实到监督执纪问责和监督调查处置的每一个环节，坚持"惩前毖后、治病救人"，对党员干部既严格教育、严格管理、严格监督，又在政治上、思想上真诚关爱，做到纪法约束有硬度、批评教育有力度、组织关怀有温度。要探索日常监督有效途径，综合运用参加党委（党组）会议、专项检查、专项治理、开展问责、参加问题线索排查、督促巡视巡察反馈意见整改、参加民主生活会等方式，对发现的干部身上的苗头性、倾向性问题要及时提醒、教育，必要的时候通过提醒、函询、诫勉等方式，避免小毛病演化成大问题，在经常性"把脉问诊"中，促进干部健康成长。

第五，在强化日常监督的同时注重发挥审查调查作用。日常监督、审查调查是一个问题的两个方面。审查调查是带动日常监督的有力举措，惩治这一手绝不能放松，否则监督就失去了保障。对监督中发现的各类问题线索，尤其是重点领域的重点问题线索，要运用监督执纪"四种形态"，以法治思维和法治方式精准处置，不仅要快查快办、严肃追责，还要以制度治理的思维和方式，推动问题得到根本解决。要坚持"一案一总结"，在案件审查调查结束时，专案组既要提交审查调查报告，也要提交相应的工作建议，督促相关职能部门开展整顿。要通过查办案件，深化以案为鉴、以案促改，督促地区部门及相关行业举一反三抓整改，补齐制度短板，夯实法治基础，从正反两方面典型中汲取经验教训，筑牢思想防线，堵塞监管漏洞。

# 二、围绕"聚焦、精准、有力"开展监督 *

## ——关于做实做细监督第一职责的调研

　　十九届中央纪委三次全会指出，监督是纪检监察机关的基本职责、第一职责。要坚持不懈探索强化监督职能，特别是把日常监督实实在在地做起来、做到位，敢于监督、善于监督、规范监督，抓早抓小、防微杜渐、咬耳扯袖、红脸出汗，贯通运用"四种形态"，使监督更加聚焦、更加精准、更加有力。

　　日前，广西壮族自治区纪委监委成立调研组，通过座谈交流、个别访谈、查阅资料、实地查看等方式，对当前全区各级纪检监察机关履行监督第一职责情况进行摸底调研。

## 强化监督第一职责的经验成效

　　管党治党政治责任持续压实。各级纪检监察机关强化政治担当，认真履行对党委全面从严治党的协助职责，强化对下级党组织的监督，督促各级党组织、党员干部认真落实监督责任，主动、严肃、具体地履行日常监督职责，使主体责任、监督责任贯通协同、形成合力。调研显示，全区大部分党组织和纪检监察机关负责人能够认清自身所肩负的全面从严治党责任，并采取了一些行之有效的方法推动责任落实。

---

　　* 广西壮族自治区纪委监委调研组。

"四个全覆盖"的监督格局基本形成。各市均已经建立巡察工作机制，并实现派驻监督全覆盖，初步形成纪律监督、监察监督、派驻监督、巡视巡察监督四个全覆盖的权力监督格局。各级纪检监察机关注重强化责任协同，建立监督检查部门参与巡视巡察工作制度，督促联系地区和部门做好巡视反馈问题整改、线索处置。在区市层面推行"分管班子成员＋纪检监察室＋派驻（出）机构"联动监督模式，在县乡层面探索"分管班子成员＋纪检监察室＋派驻（出）机构＋乡镇纪检机构"的分片联合监督模式，统筹人员力量，实行协同联动。

监督方式方法有效创新。各级纪检监察机关贯彻落实关于强化纪委监委监督工作新理念新要求，坚持问题导向，定位向监督聚焦、责任向监督压实、力量向监督倾斜，创新监督方式方法，形成了一些工作亮点。如，在用好提醒约谈、批评教育、信访受理等常规监督手段的同时，注重借助科技手段，加快纪检监察智慧平台建设，实现线上和线下监督相结合，加强对监督对象的全方位监督。

监督工作效能日益彰显。加快构建不敢腐、不能腐、不想腐的体制机制，及时总结审查调查、巡视巡察中发现的体制机制问题和制度漏洞，推动以案促改、举一反三。2019年1月至8月，自治区各级纪检监察机关运用监督执纪"四种形态"处理22903人次，其中，第一、第二种形态分别占61.1%、31.5%，监督执纪由"惩治极少数"向"管住大多数"有效拓展。各级纪检监察机关针对已办结的案件，监督检查部门与审查调查部门加强协作配合，通过召开宣布处分决定警示教育大会、就突出问题提出纪检监察建议等方式，积极做好惩治腐败"后半篇文章"，收到良好效果。

## 履行监督职责不到位的地方

监督定位问题。少数党委（党组）班子成员认为监督执纪主要是纪检监察机关的职能职责，对运用监督执纪第一种形态主责在党委（党组）的认识不到位，对管辖范围内党员干部存在的苗头性倾向性问题红脸出汗式监管教育缺乏主动性针对性。个别纪委监委（纪检监察组）对监督定位把握不准，有的认为监督说起来重要、做起来次要，没有投入相应人力物力做实做细监督工作，用"短时集中检查"代替"日常从严监督"；有的聚焦事项发散，偏离"再监督"定位，或代替有关部门冲在一线监督，或监督聚焦关键人关键事不够，存在"三转"走回头路倾向；有的认为办案震慑效果强于监督，监督工作属于"潜绩"，红脸出汗、谈话提醒还容易得罪人，依然习惯于将主要精力人力放在案件查办上。

监督责任问题。有的党委（党组）研究部署监督工作不主动、不经常、不到位，主动研究监督工作不够，少数党组织开展教育管理监督习惯于应对上级检查考评，在制定工作计划和分解责任目标上缺乏结合本地区本部门的实际操作性。有的纪委监委（纪检监察组）存在不愿监督、不敢监督、不会监督的问题，有的纪检监察干部存在"老好人"思想，面对出现的违规违纪问题没有坚决抵制、处置不及时，开展批评教育缺乏思想性、政治性、针对性；有的开展监督检查坚持问题导向不够，习惯于上级布置什么就重视什么，工作方法停留在看文件、听汇报上，监督效果不强。

监督方式问题。有的紧盯"关键少数"不够，没有紧紧抓住党政一把手这个"牛鼻子"，对下级党委（党组）班子成员的监督不够有力。有的坚持问题导向不够，没有把政治监督放在首要位置，存在走形式、走过场的倾向。有的监督工作聚焦"三重一大"项目，而对日常工作中廉政风险易发多发的具体环节重视不够，及时抓早抓小处置不够。有的监督手段单一，研究探索的思路措施不够，监督切入点和着力点不够精准，开展监督仍主要依靠听汇报、查资料、翻台账等常规手段。

监督合力问题。有的监督检查部门与审查调查部门"前后台"衔接不畅，审查调查部门办案结束后，没有及时向监督检查部门移交材料，惩治腐败"后半篇文章"做得不够到位。有的监督检查部门与派驻监督机构协调配合不够，没有从制度层面上区分监督检查部门与派驻纪检监察组各自的监督责任，职责定位上交叉重叠。有的监督检查部门与巡视巡察机构对接跟进不够，监督检查部门和派驻监督机构对巡视巡察反馈问题跟进监督不够，督促相关单位党委（党组）落实不到位，致使一些问题整改不彻底、打折扣。

能力作风问题。有的纪检监察干部能力不够强，对习近平新时代中国特色社会主义思想和党的路线方针政策、党中央决策部署学习不深入，监督素质能力与纪检监察工作高质量发展不相适应；有的纪检监察干部作风不够实，运用监督执纪"四种形态"精准性不够，导致有的问题被"轻拿轻放"；有的纪检监察干部自律不够严，说话盛气凌人，甚至个别发生收受监督对象礼品、利用职务便利泄露秘密等违纪违法问题。

## 提高政治站位　切实做到高质量监督

强化政治监督。一要推进政治监督具体化常态化。持续深入开展监督检查，紧盯贯彻落实党的路线方针政策和党中央重大决策部署情况，严格执行党的政治纪律和政治规矩情况，新形势下党内政治生活若干准则等法规制度执行情况，"关键少数"政治表现和政治行动，履行全面从严治党"两个责任"情况，整治形式主义、官僚主义情况，执行中央八项规定及其实施细则精神情况等方面问题，实行清单式监督检查。二要坚持人民立场抓好政治监督。围绕打赢三大攻坚战等重点任务进行专项监督，深入抓好扶贫领域的腐败和作风问题专项治理，以作风攻坚促进脱贫攻坚；深入推进扫黑除恶专项斗争，深挖彻查涉黑涉恶腐败和其背后的"保护伞"问题；围绕民生领域突出问题，开展漠视侵害群众利益问题专项整治。三要强化政治巡视巡察。进一步健全巡视巡察一盘棋工作格局，突出巡视巡察政治监督定位，研究制定加强纪检监察机关与巡视巡察机构沟通协调工作的指导意见。

压实"两个责任"。一要压实党委主体责任。把各级党委（党组）书记履行全面从严治党主体责任情况作为巡视巡察、日常监督检查的重要内容，督促问题整改落实，用好问责利器。纪检监察机关要认真履行协助职责，定期向党委（党组）书记通报监督情况、经常给党委（党组）提建议，为党委（党组）抓细抓实主体责任提供载体和抓手。二要强化纪委监委监督责任。加强上级纪委监委对下级纪委监委日常履职情况的检查考核，督促下级纪委监委做实做细监督第一职责。同时，抓好纪委监委派驻机构的监督工作，强化对下级党组织一把手、领导班子、班子成员及部门管理的二级单位班子和领导干部的监督，发挥好派驻机构监督"探头"作用。

做实日常监督。一要加强沟通了解。围绕日常监督重点，加强与联系地区、部门党委（党组）领导班子成员以及干部群众代表沟通，加强谈心谈话了解干部思想动态，多方面了解被监督单位的"关键少数"情况。二要主动列席会议。有重点地参加或列席党委（党组）会议、集体学习会议，加强对学习贯彻落实党中央决策部署、严格贯彻执行党规等情况的检查，紧盯民主生活会、述责评议会，加强对严肃党内政治生活、全面规范履行职权等方面的监督。三要做好线索排查。把问题线索作为日常监督的重要切口，加强问题线索集中研判和交办督办，对实名举报、网络舆情以及案中发现、巡视移交等方面线索认真调查核实。四要开展谈话函询。充分运用谈话函询方式办法，严格把好复函说明情况的政治关、证据关和态度关，对反映违反中央八项规定精神、损害群众利益、不收敛不收手、问题集中反映强烈等情形重点抽查审核，防止"一谈了之""一函了之"的情况发生。五要扎实开展以案促改。审查调查部门会同案件审理部门对查处的典型案例提出开展以案促改工作建议后，监督检查部门要督导推进以案促改工作，通过发提醒函、纪检监察建议书等方式，督促案发单位开展以案促教、以案促改、以案促建，加强通报曝光，发挥警醒震慑作用，通过对一个地区或部门存在的普遍性、代表性问题开展专项整治，实现健全长效机制、强化治本功效的目标。

提升干部素质。一要着力提高政治力。坚持强化党的创新理论武装，不断在学习习近平新时代中国特色社会主义思想走深、走心、走实上下功夫，教育广大纪检监察干部增强"四个意识"、坚定"四个自信"、做到"两个维护"，以忠诚干净担当认真践行肩负的纪检监察职责。二要着力提高学习力。对照党章党规党纪和宪法法律法规，学思践悟关于推进新时代纪检监察工作高质量发展的精神要求，认真落实干部全员培训，提升干部政策把握能力、纪法贯通水平。三要落实打铁必须自身硬的政治要求。严格执行监督执纪工作规则和监督执法工作规定，健全内控机制，坚决防止"灯下黑"，确保权力规范正确行使。

# 三、有力有效履行监督第一职责 *

监督是纪检监察机关的基本职责、第一职责。《中国共产党纪律检查机关监督执纪工作规则》专设"监督检查"一章，明确了监督重点和要求，强化了对党员、干部以及监察对象依法履职和行使权力情况的日常监督。强调党委（党组）在党内监督中履行主体责任，纪检监察机关履行监督责任，要将纪律监督、监察监督、派驻监督、巡视巡察监督有效结合起来。

近期，中国纪检监察学院监督检查课题组围绕当前监督检查工作情况，特别是重点、难点问题，对在院培训的"华东五省（市）纪检监察机关业务研修班"和"京津冀晋四省（市）监督检查业务培训班"两个班次的 514 名学员开展了调研。

## 关于监督检查工作的总体评价

政治生态明显好转，但面临形势依然严峻复杂。在对所在地区政治生态的总体评价中，有 62% 的学员给予"优良"评价，另有近 33% 的学员给予"一般"等评价。学员们反映，当前政治生态比较显著的变化主要集中表现在以下几个方面：政治监督力度明显加大、政治纪律和政治规矩更加严明、党规党纪贯彻落实进一步加强、干部队伍作风明显好转、选人用人机制进一步完

---

\* 中国纪检监察学院监督检查课题组。课题组成员：贺夏蓉、曹雪松、张玲、赵婧、韩笑、叶瑶、辛美庆。

善。不少学员认为，影响党内政治生态的主要因素有权力监督制约机制不健全、党员干部被利益集团围猎、人身依附等不健康党内关系的影响、圈子文化等几个方面。

"两个责任"落实较好，但主体责任有待加强。在党委（党组）履行主体责任方面，有82%的学员认为"良好"；在纪检监察机关履行监督责任方面，有94%的学员给予"良好"或更高评价。这反映出在落实"两个责任"中，党委的主体责任和纪委的监督责任在同向发力、协同推进方面仍存在差距，党委（党组）对日常监督在思想认识、实践运用等方面仍有待加强，各级纪检监察机关要在督促推动下级党委（党组）落实主体责任方面持续发力。

监督措施日趋精准有效，同步推动"两个责任"落实仍是难点。在实践运用第一、第二种形态方面，有85%的学员给予"较好"评价。可以看出，各级党组织在实践运用第一、第二种形态方面均足够重视，并取得了较好效果。另外，在精准有效运用"第一种形态"难点方面，相当比例的学员表示，精准有效运用第一、第二种形态的关键在于"两个责任"的同步落实落细，特别是当前在运用"第一种形态"上，党委（党组）落实主体责任的力度有待进一步加强。

谈话函询效果较好，但谈话运用有待加强。在对谈话与函询效果的评价上，认为"较好"的分别为60%和50%，谈话效果比函询效果得到较好评价的比例高出10个百分点。但是，在实际工作中，由于函询比谈话更简便、无风险，纪检监察机关采取谈话与函询方式处置问题线索的比例并不均衡。调研数据统计显示，函询使用频次高于谈话，这说明纪检监察机关在面对面谈话、思想政治工作方面有待加强。

监审分离尚未完全做到。尽管十九届中央纪委三次全会强调地市级以上纪检监察机关监督检查与审查调查部门要进行分设，但受访学员中仅有51%表示其所在单位做到"完全分设，监督检查部门只负责运用第一、第二种形态"，仍有近30%的学员反映"形式上虽然完成分设，但实际上监督检查部门仍参与查办案件，花在监督检查工作上的时间和精力有限"。另有11%的学员反映"虽然部门实现分设，但实际工作中存在衔接不畅等诸多问题"。有近

30%的学员认为部门分设在基层工作效果一般。调研结果显示,当前监督检查与审查调查在分设上离中央纪委国家监委要求还有较大差距。

## 当前监督检查工作存在的难点问题

根据问卷调查数据显示,多数学员反映当前监督检查依次排在前五位的重点工作是:突出政治监督,做实做细日常监督,运用好第一、第二种形态,探索长期监督的有效方式,问题线索的处置与初核。多数学员认为,依次排在前五位的监督检查难点是:日常监督长期监督不够有力有效,问责不够精准,监督检查与审查调查的衔接不够顺畅,政治监督不够突出,监察建议运用不够广泛。

存在监督检查方式单一和监审衔接不畅的问题。多数学员反映当前"监督检查方式单一"的问题突出。调查数据显示,当前各级纪检监察机关使用较多的监督手段主要集中在分类处置问题线索、谈话提醒、约谈、函询、列席民主生活会、接受受理检举控告、批评教育、抽查个人重大事项报告、提出纪律检查建议或监察建议、开展突出问题专项检查等一些常规方式方法上,而在主动有效发现问题线索上仍有所欠缺。此外,一些学员表示"监督检查与审查调查衔接不畅"的问题亟待解决,主要表现在:对问题线索研判处置缺乏精准性,造成重复性工作;各负其责,内部各部门之间缺乏沟通协作;分管领导不同,日常沟通不顺;信息缺乏共享,审查调查室查办案件后,未能对政治生态进行研判,为日常监督提供参考;等等。

存在离开线索就不会监督的问题。当前各级纪检监察机关问题线索的来源主要集中在信访举报、巡视巡察中发现、执纪审查中发现、公检法审计移交、媒体曝光等几个渠道,而在调查研究和在干部人事考核、民主生活会等干部组织监督工作方面主动发现问题的比例很小,占比不足20%。这说明当前监督检查工作更多依靠的是有线索的监督,而主动发现问题的能力不足、氛围也尚未形成,离开线索的监督还很难做到。

谈话函询存在适用情形不够明确的问题。约半数受访学员反映,当前纪检监察机关在谈话函询方面存在以下突出问题：一是对谈话函询的思想认识不到位；二是"一谈了之""一函了之"的现象较突出；三是纪检监察干部监督谈话能力欠缺；四是谈话函询的质量不高，严肃性、严谨性不够；等等。在谈话函询工作的难点方面，约60%的学员反映主要集中在"对谈话函询的适用情形以及说明情况的抽查核实与初核不好把握"等方面。

初核工作中存在调查取证能力不足的问题。初核工作难点方面，近三成学员表示选择突破口较难，其次是分析研判问题线索、调查取证和初核谈话方面。在"对违纪行为的调查取证能力"的评价中，约73%的受访学员表示满意或认可。同时，受访学员还反映了当前对违纪行为调查取证方面存在的三个难点：一是大局意识不足，没有克服单纯办案的思想；二是取证能力不足，外围调查突破难；三是安全意识不足，法治意识不足，落实24字方针有差距。

问责工作存在一些问题。在问责工作方面，学员们主要反映有以下五个突出问题：一是问责工作存在随意化和泛化；二是问责不够精准，对问题切入点的把握和定性不够准确；三是问责中职责定位不准，存在党委开会定性后，由纪委"走过场"落实的情况；四是问责简单了事，对问题的根源没有追溯，存在"权责不对等，下级替上级背锅、问下不问上"的情况；五是问责难过面子关、人情关，基层熟人社会特征明显，既存在党委（党组）主体意识不强，为被问责干部说情开脱的现象，也存在纪委不愿意得罪人，碍于情面不敢问责的情况。


# 进一步提高监督检查工作的意见建议


强化政治监督。要进一步加强对政治监督内涵要求的理解把握，善于从政治上审视监督检查发现的问题，善于把各种具体工作聚焦到践行"两个维护"上来。要不断提升综合运用各种监督方式方法的能力，聚焦党的路线方针政策落实情况等开展政治监督。要厘清政治监督的内涵与外延，在内容、定位、性质、依据等方面不断廓清，既要避免"政治监督是个筐，什么都往里面装",导致泛化、不聚焦,也要避免把政治监督当口号、贴标签,导致虚化、不落地。

完善监审分离机制。要统筹协调分类处置,监督检查部门立足抓早抓小,核查存在的苗头性、倾向性问题,对轻微违纪、一般违纪的问题线索,按第一、第二种形态处置;审查调查部门对涉嫌严重违纪、职务违法或职务犯罪,对可能适用第三、第四种形态处理的问题线索进行初核。要统筹问题线索的归集与分流,原则上对涉及同一单位、同一事、同一被反映人的问题线索,应归并到同一室办理,避免多头承办。同时,要健全线索处置办理信息内部通报机制,完善监督检查部门与案管、审理、审查调查部门线索处置信息通报制度,建立监督检查和审查调查部门间的人员科学轮岗机制,着力培养纪法皆通的通才,进一步促进融合发展。

提高谈话函询质量。要在制度程序上对谈话函询进行严密规范,细化谈话函询的主体、适用对象、方式、内容、程序和纪律要求等,防止谈话函询当作消化问题线索的一种方式,避免"一谈了之""一函了之",最大限度地减少谈话函询的主观性和随意性。谈话函询后要认真审核研判其真实性,提出处理意见报审,同步做好心理疏导或提醒诫勉,并要求相关单位党组织履行好全面从严治党主体责任,加强对干部职工的教育监督管理。

构建政治生态评价体系。明确政治生态评价的重要指标,将落实中央八项规定精神、纠治"四风"情况作为对党是否政治忠诚的重要检验,作为政治监督的重要内容。要紧盯不收敛不收手,紧盯政治问题和经济问题相互交织的腐败案件,紧盯重点领域、关键岗位,精准发现问题、精准惩治查处。要不断创新监督方式方法,不断强化对政治生态"精准画像"和准确研判,加强纪律监督、监察监督、派驻监督、巡视巡察监督的协调衔接,特别是深化巡视巡察监督成果等资源共享互用。

做实做细日常监督和长期监督。要充分发挥党风政风监督室、监督检查室、派驻机构、巡视巡察机构等的监督力量作用,健全完善定期情况通报、重要问题会商、巡视巡察整改监督等机制,建立上下联动、横向协作、一体推进、同向发力的监督网络。同时,从事监督的干部要坚持抓早抓小,对发现的苗头性、倾向性问题或轻微违纪问题,及时谈话函询、约谈提醒、批评教育、责令整改；要强化"监督检查＋互联网"思维，充分运用好政治生态监测预警等大数据系统作用，加强对日常监督、审查调查、巡视巡察监督的综合分析研判；要用好纪律检查建议和监察建议，找准责任主体、压实主体责任，形成研究问题、推进整改、成效评价、监督问责的工作闭环。

# 四、让监督执纪更加精准有效 *

## ——天津市深化运用监督执纪"四种形态"的调研

中共中央办公厅 2018 年 12 月印发的《中国共产党纪律检查机关监督执纪工作规则》第四条明确提出，坚持惩前毖后、治病救人，把纪律挺在前面，精准有效运用监督执纪"四种形态"，把思想政治工作贯穿监督执纪全过程，严管和厚爱结合，激励和约束并重，注重教育转化，促使党员自觉防止和纠正违纪行为，惩治极少数，教育大多数，实现政治效果、纪法效果和社会效果相统一。

为全面了解天津市深化运用监督执纪"四种形态"的情况，近日，天津市纪委监委课题组开展专题调研，梳理各级各部门在监督执纪"四种形态"实践过程中取得的成效、凸显的短板和不足，并在分析问题的基础上形成加强精准运用的思考。

## 深化运用监督执纪"四种形态"的实践

加强组织领导，推动责任落实。一是把深化运用"四种形态"作为党委（党组）落实主体责任的重要内容，推动各级党委（党组）把"四种形态"纳入主体责任清单，建立责任链条，层层压实责任。二是各级纪委监委将深化运用"四种形态"情况作为推动主体责任落实的有力抓手。切实把监

---

\* 天津市纪委监委课题组。

督和纪律挺在前面，将深化运用"四种形态"要求贯穿于纪律监督、监察监督、巡视巡察监督和派驻监督的全过程和各方面。坚持失责必问、问责必严，2018 年 1 月至 12 月，全市查处落实"两个责任"不力问题 467 起，问责党员领导干部 635 人，其中给予党纪处分 319 人。

围绕治病救人，突出精准运用。一是推动谈话提醒经常化。通过编印"咬耳扯袖"工作指南、台账手册，引导党委（党组）主要负责同志运用"第一种形态"成为常态。推动谈话函询规范化，强调"早用""严用"，按照一定比例抽查核实，接受"第一种形态"处理的党员干部，必须在民主生活会上作出说明。推动党内政治生活正常化，对民主生活会政治性、时代性、原则性、战斗性不强的，一律责令重开。二是强化问题线索处置。把"四种形态"要求与问题线索处置"四种方式"相对应，对问题线索严格分类处置，动态把握减少存量与遏制增量之间的关系。强化组织处理措施运用，2018 年 1 月至 12 月组织处理 3792 人，与 2017 年同期相比增长 32.1%。三是细化形态转化的考虑因素和程序规定。市纪委监委和有关党委（党组）加强监督检查，各级纪委监委强化内部督查，确保依纪依法、审慎稳妥，对认错态度好、符合形态转化条件的干部给予改过自新机会。

立足落实落细，强化制度保障。一是注重顶层设计。制定运用"四种形态"的实施办法，明确党委（党组）、纪委监委、党的工作机关、基层党组织的职责，对不同形态的运用情形、运用方式、运用程序以及形态间如何转化作出明确规定。二是健全考核制度规定。制定关于落实主体责任的实施意见和主体责任检查考核、述责述廉、贯彻问责条例实施办法等配套文件，以主体责任落实带动"四种形态"深化运用。健全完善加强对区纪委监委和派驻机构领导、监督、考核等方面的制度规定，加强对深化运用"四种形态"的监督考核。三是加强配套性制度建设。制定《关于加强监督工作的意见》和《关于统筹监督工作的办法》等制度，使在监督中充分运用"四种形态"有章可循。研究制定"一案六书两报告两建议"规定，把深化运用"四种形态"要求贯穿其中，切实做到防微杜渐。

# 运用监督执纪"四种形态"存在的不足

责任落实方面。一是党委主体责任落实不到位。有的党委责任意识不强，认为运用"四种形态"只是纪委的事或者应该"委托"给纪委干；有的认为后三种形态都归纪委管，党委只负责第一种形态。二是监督专责落实不到位。有的纪检监察组织"三转"不到位，监督泛化、弱化，对"四种形态"想用不会用、用时用不好。三是基层延伸不到位的问题比较突出。有的基层党组织不敢、不会运用"四种形态"，在运用方式、运用领域上泛化。

思想认识方面。一是有的纪检监察组织对抓早抓小、层层设防认识不到位，一些转隶干部对问题线索习惯性地往职务犯罪角度考虑，存在"以大案要案论英雄"的惯性思维，把运用"四种形态"片面理解成只运用"第四种形态"。二是有的纪检监察组织在如何结合本地区本部门本单位实际开展过程评价和深度评价等方面缺乏系统思考，对如何把运用"四种形态"深度融合到业务考核中缺乏深入把握。

"第一种形态"运用效果方面。一是谈话函询运用不规范、不均衡。有的纪检监察组织存在不想用、不愿用现象，运用明显偏少；同时一些基层党组织由于核实能力不足存在泛用滥用倾向。二是一些党组织通过定期统计运用数据推动责任落实，但对实效如何跟踪分析不够，比如，有的党组织谈话缺乏严肃性，对被谈话人警醒和触动不够；有的谈话之后整改不到位却听之任之。

形态转化方面。一是不愿转化。有的纪检监察组织把立案、重处分和移送司法机关等作为考核硬指标，有的担心向前一种形态转化被认为是"宽松软"。二是不敢转化。市委对形态转化监督程序进行了规范，有的纪检监察组织担心纪法贯通、法法衔接不到位"留后遗症"，对形态转化不习惯按程序办、不敢落到纸面上，习惯运用自由裁量权进行内部把握。三是不理解转化。有的单位对形态转化案例宣传不深入，部分党员干部理解有偏差、有杂音。

对受处理干部的教育管理方面。一是对受处理干部回访教育和重新起用还存在一定盲区，一些基层党组织不敢使用受过处分的干部，"改了就是好同志"的氛围不浓。二是有的党的工作机关与纪检监察机关沟通不到位，比如，有的组织部门对党员干部进行诫勉，但纪检监察机关不知情，存在重复处理的风险。

# 努力实现政治效果、纪法效果、社会效果有机统一

着力压实责任。一是细化责任分工。督促各级党组织提高政治站位，进一步完善党委（党组）负主体责任、书记履行第一责任人职责、纪委强化监督执纪问责、党的工作机关加强职责范围内运用、基层党组织敢用会用的工作格局。二是加强督导考核。引导各级党委（党组）制定科学的考核指标，增加深化运用"四种形态"在党委（党组）主体责任和纪委监委工作考核中的权重。三是强化信息化手段运用。深化运用全面从严治党主体责任监管平台，以责任清单、任务清单和履责日志为基础，自动汇总生成运用"四种形态"的有关内容和统计数据，实现信息集成、实时监督、在线评价考核。四是强化追责问责。坚持问题导向，组织开展质效检查，全面排查长期不运用"第一种形态"、运用生拼硬凑、形态转化违反程序等问题，对问题严重的追责问责。

充分运用"第一种形态"。一是提升谈话函询运用效果。坚持"应谈尽谈、应询尽询"，强化震慑。集中通报曝光谈话函询中对党组织不忠诚、不老实等违纪行为。加强对谈话函询情况在民主生活会上进行说明执行情况的监督检查，确保落实到位。二是对不同情形运用的处理方式进行细化，加强指导，确保"第一种形态"运用到位。三是加强对运用效果的及时跟踪。通过与监督对象所在单位领导谈话了解、现场检查、查阅档案等形式，加强对"第一种形态"运用结果的跟踪管理。对没有改正或改正不明显甚至敷衍了事等问题严肃查处。

严谨实施形态转化。一是加强统筹指导。强化对全市形态转化的统筹协调，印发形态转化工作和典型案例指导通报，规范转化尺度，及时纠正偏

差，确保形态转化标准科学合理。二是强化纪法贯通。精准运用纪律和法律两把"尺子"，确保形态转化事实清楚、定性准确，综合考虑得当。

健全完善配套机制。一是规范评价标准。细化运用"四种形态"的考核指标，采取定量考核与定性评价相结合的方式，提升考核精准性。二是健全信息共享机制。完善纪检监察机关与党的工作机关在运用"四种形态"中的沟通协调机制，切实发挥各自优势，形成对党员干部进行教育、管理和监督的合力。三是加强对基层党组织出台制度的推广和监管。强化对基层党组织制定运用"四种形态"有关制度的指导，健全完善监督备案制度，及时总结经验、纠正偏差。

# 五、努力实现"三个效果"相统一 *

## ——关于贯通运用监督执纪"四种形态"的调研

十九届中央纪委三次全会强调，做实做细监督职责，着力在日常监督、长期监督上探索创新、实现突破。认真执行党纪处分条例，严格依法行使监察权，贯通运用监督执纪"四种形态"，使监督常在、形成常态。

为推动监督执纪精细化、科学化，近日，浙江省纪委监委开展专题调研，对当前贯通运用监督执纪"四种形态"进行总结，分析亟须重视解决的问题，提出改进工作的有关建议，努力实现政治效果、纪法效果和社会效果相统一。

## 贯通运用"四种形态"的实践①

从总体上看，浙江省实践运用"四种形态"呈现出以下特点。

着眼根本目的，突出政治性。各级纪检监察机关把做到"两个维护"作为最重要的政治任务，积极运用监督执纪"四种形态"，强化政治监督和纪

---

\* 郑建余，浙江省纪委常委、省监委委员。

① 2018 年，浙江省运用监督执纪"四种形态"处理 55138 人次，同比增长 25.9%。第一至第四种形态分别占 68.2%、21%、5.5% 和 5.3%，前两种形态的运用将近达到 90%，与之前相比，运用第一种形态处置的人数占比进一步提升，第二、第三、第四种形态占比均呈下降趋势，"倒金字塔"的分布结构越发明显，实现了惩处极少数、教育大多数的政治效果、纪法效果和社会效果相统一。

律保障。围绕贯彻落实党的十九大和省党代会精神，打好三大攻坚战，整治形式主义、官僚主义，扫黑除恶，整治群众身边腐败和作风问题等内容，开展一系列监督检查，运用监督执纪"四种形态"，查处了一批党员干部违反政治纪律、组织纪律和中央八项规定精神案件，全力保障中央政令畅通和省委决策部署落地见效。省纪委在各市和省直单位、省属国有企业、省属高校开展政治生态建设状况评估报告工作，重点关注党的政治建设、思想建设、组织建设、作风建设等7个方面的情况。同时，各级纪检监察机关通过常态化推进纪律监督、监察监督、巡视巡察监督、派驻监督"四个全覆盖"，有效发现问题，精准运用监督执纪"四种形态"，推动政治生态不断向好。

夯实责任担当，抓住关键性。省纪委紧紧抓住党委（党组）主体责任、党委（党组）书记第一责任人责任这个"牛鼻子"，协助省委推动各级落实责任清单、责任分解、约谈提醒、签字背书、履职情况报告等制度，逐级夯实全面从严治党政治责任。一方面，各级党委（党组）履行主体责任，把运用"四种形态"纳入管党治党的日常工作，强化领导、组织实施；党委（党组）书记发挥带头作用，履行第一责任人的责任，及时纠正和处理苗头性倾向性问题。另一方面，各级纪委履行监督责任，既着力用好"第一种形态"，又坚持有力削减存量、有效遏制增量，保持惩治腐败高压态势。各级党委（党组）、纪委（纪检组）在运用监督执纪"四种形态"中相互配合、齐抓共管，实现了全面从严治党"两个责任"的同频共振。

整体把握运用，注重系统性。把握"树木"和"森林"的关系，坚持惩前毖后、治病救人，通过实践运用监督执纪"四种形态"，使党的各项纪律立起来严起来执行到位。为推动各级党委、纪委运用"第一种形态"成为常态，专门制定出台规范党员领导干部谈话函询工作的相关办法，抓早抓小，前移监督关口，把大量问题解决在萌芽状态和轻微状态。同时，各级纪检监察机关立足于维护"森林"的健康，正确把握"四种形态"惩与治的关系，坚持依纪依规、严格执纪，正"歪树"、治"病树"、拔"烂树"。

创新制度机制，增强规范性。一方面，着眼于推进压实两个责任，省委出台《党风廉政建设党委（党组）主体责任和纪委（纪检组）监督责任清单》，对党委（党组）和纪委（纪检组）运用监督执纪"四种形态"作出明确规定。另一方面，着眼于建立健全"四种形态"有效管用的制度机制，结合深化监察体制改革，制定出台《浙江省监察业务运行工作规程（试行）》《浙江省监察机关信访举报受理和办理工作若干意见》《浙江省纪检监察机关处置诬告陷害行为暂行办法》《关于规范省管领导干部谈话函询工作的暂行办法》等一系列规范性制度文件，对运用"四种形态"的实体和程序进行规范。

# 当前存在的问题

运用"四种形态"存在规范自由裁量权的问题。目前，制度法规对运用监督执纪"四种形态"更多的是定性要求，缺乏定量细化，客观上造成了运用"四种形态"的主体拥有较大的自由裁量权。调研发现，查处的相类似违纪问题，由于发生时间、地域、主观认错悔过等因素不同，执纪尺度往往相差很大。从纪检监察机关的实践来看：在核查环节，虽然强调问题线索处置不同部门分段负责、相互监督，但各个部门仍然存在把问题查深与查浅、查全与查偏的主观可能；在审理环节，相关部门认定违纪违法适用从轻减轻或从重加重情节会有一定的主观性；在量纪环节，对可上可下的把握，也会出现执纪松紧度不一的问题。从党委（党组）的实践来看：少数领导干部对执纪把握缺乏专业性，由于"四种形态"之间的转化有一定弹性，党组织决定执纪尺度容易出现过轻或过重的情况。

监督检查与审查调查部门存在权限、人员合理调整的问题。省市一级纪检监察机关尽管内设机构实行监督检查与审查调查部门分设，但在职责、人员设置上还不够科学。从运用监督执纪"四种形态"的情况看，监督检查部门处置问题线索权责范围稍显偏窄，只能运用"第一种形态"，凡需要初核及运用第二种及以上形态的，须移送审查调查部门处置。这样往往导致在某个时间段内，监督检查部门堆积的问题线索移不出去，或审查调查部门问题线索堆积集中，不能很快消化，影响办案效率和质量。

部分形态实施存在实体和程序不规范的问题。由于配套制度不完善，实践中缺乏参照，目前运用"四种形态"不同程度地存在工作规程不完善、痕迹管理不清晰、流程管控不细化、形态转化不明确，以及每种形态政策界限把握、党纪处分和组织处理综合运用等方面的问题。部分党组织落实监督执纪"四种形态"主体责任意识有待增强，存在以监督责任代替主体责任的情况；对自身承担的责任主动落实不够，开展红脸出汗、约谈提醒不多。少数基层党组织负责人不敢大胆监督，在第一种形态运用上泛化、虚化、空洞化。另外，在一些未使用留置措施的审查调查案件中，由于大量采取的是"走读式"谈话，场地设施滞后、措施不到位等安全隐患仍然存在。

运用"四种形态"存在"后半篇文章"不足的问题。有的部门实施"四种形态"后延伸和拓展工作欠缺，在深化结果运用上，"三效合一"体现不充分；有的部门落实"既要严管更要厚爱"的要求不够，对受处理的党员干部缺乏认真教育引导，未能有针对性地帮助其改过自新、重建信心；有的部门在运用第一种形态时，往往"一谈了之""一函了之"，事后缺乏跟踪关注；有的部门对查否的干部，未作及时反馈，没有在一定范围内给予澄清；有的部门重违纪干部个案查处，分析问题根源不足，督促整改不力；有的纪检监察干部仍存在"抓大不抓小""重惩处轻预防"的思维惯性，对抓早抓小，做谈心、谈话、函询、回访教育等基础性工作仍不适应。

## 深化运用"四种形态"的思考

规范"四种形态"自由裁量权。一要完善规范"四种形态"实体和程序的制度机制。完善每种形态适用范围、具体措施、操作流程、形态转化、指标考核等方面的规定。二要坚持集体研究和逐级审批原则。以问题线索处置为重点，建立承办部门集体讨论提出处置建议、分管领导专题会议确定处置方式、集体会商处置结果的工作程序，确保线索处置工作的重要环节都经过集体研究和逐级审批。三要加强对运用"四种形态"情况的监督检查。从实体和程序两个方面，定期组织开展专项监督检查，及时纠偏纠错，确保工作质量。

合理配置工作力量。一方面，强化监督检查部门工作，力量向监督倾斜；另一方面，调整优化监督检查部门与审查调查部门职责范围。明确监督检查部门主要负责第一、第二种形态以及使用简易程序处置问题线索，审查调查部门主要负责第三、第四种形态处置问题线索。通过职责范围调整，将大量涉及轻处分和事实较清楚的问题线索归口监督检查部门处置，而审查调查部门则集中精力查办大案要案。

突出谈话函询常态运用。强化政治监督，突出监督重点，增强监督实效。一要压实主体责任，以落实"两个责任"清单为抓手，把党组织抓日常教育监督管理和党委（党组）书记约谈提醒、签字背书等情况，纳入主体责任的重要内容，加强监督考核。二要加强纪律监督、监察监督、巡视巡察监督、派驻监督协作配合，建立完善以问题线索为重点的监督信息快速通报移送机制，形成"四个监督全覆盖"的权力监督格局。三要严把适用条件，正确实施谈话函询，不能为了了结而简单使用函询处置方式，不能把函询等同于"第一种形态"，不能把不该函询的轻易函询。把好谈话函询呈批、组织实施和监督审查三道环节，严格组织审查，增强谈话函询严肃性，加大对谈话函询类线索的核实力度，对指向明确的具体事项、具体人员、具体行为等应核尽核。

持续保持惩治腐败高压态势。正确处理"治未病""正歪树"与"治病树""拔烂树"的关系，坚持有力削减存量、有效遏制增量。一是线索处置要早。规范完善信访、案管、监督检查、审查调查等部门工作流程，做到早受理、早核查、早移交，前移监督关口。二是审查调查要严。严守纪律防线，体现纪在法前、纪比法严。严格按照4种方式处置问题线索，该函询谈话的不能了结，该初核的不能函询谈话，防止问题线索失管失控、有案不查甚至以案谋私等问题的发生。

提高运用"四种形态"质量。一要把好案件审理关。坚持从政治上把握问题，重视对违反政治纪律、组织纪律、中央八项规定精神问题的审核处理；加强审核把关和沟通协调，对事实证据、定性处理、程序手续、涉案款物等严格把关，与审查调查或监督检查部门沟通协调，对事实认定和处理意见进行共同研究、形成共识。二要在量纪把握上，综合考虑"违纪事实、性质和后果，对待组织审查的态度，处理结果可能产生的影响，被审查人一贯表现和自身情况"等因素，保持本地区、本部门类似问题处理适度平衡。三要重视"四种形态"结果运用，做好情况通报、督促整改、教育警示、长效管理等方面的工作。

# 六、主体责任不可敷衍虚置 *

## ——对落实主体责任中存在形式主义的调研

习近平总书记在十九届中央纪委三次全会上强调，各地区各部门党委（党组）要履行主体责任，紧盯形式主义、官僚主义新动向新表现，拿出有效管用的整治措施；严肃查处空泛表态、应景造势、敷衍塞责、出工不出力等突出问题。

日前，四川省纪委监委第二纪检监察室根据落实主体责任督导调研情况，并结合日常监督和巡视发现的问题，对分管联系地区（部门）落实主体责任中的形式主义表现进行全面梳理，剖析原因，提出督促领导干部切实落实主体责任的意见建议。

## 落实主体责任的形式主义表现

空泛表态。主要表现为表态多、调门高，光说不干，把说的当成做的，把计划做的当做成的。有的地区（部门）党委（党组）书记只挂帅、不出征，只提要求、不抓落实。有的领导干部把主体责任当口号喊，落实起来行动迟缓，甚至不落实。如，某市国土局党委书记认为，抓党风廉政建设讲到、说到就行了，满足于年初作部署、讲讲话，把抓落实看作是纪委的事，对具体落实放任不管；某县委书记多次以召开会议的方式传达党员干部廉洁从政的

＊ 四川省纪委监委第二纪检监察室。

相关文件精神，讲话强调多、表态多，但对如何具体落实主体责任却行动很少。

应景造势。有的地区（部门）把党风廉政建设有关规章制度挂在墙上、写在纸上，"当装饰作摆设"。如，某市国土局梳理出263个廉政风险点、248条防控措施，并且做成提示牌，但在具体工作中却很少落实，没有真正发挥教育提醒作用。调研发现，一些地方要求市（县）委班子成员每半年要专题听取分管单位主要负责人的党风廉政建设工作汇报，然而在检查中却发现，有的班子成员并未严格落实。少数领导干部把党风廉政建设责任书、履职报告当作应景文章来做，态度敷衍，简单复制、照搬照抄。如，某市检察院的一名领导干部连续5次述责述廉报告内容雷同，其中两份一模一样，连时间、数据都未加改动。个别地区（部门）甚至弄虚作假，突击"补材料"应付监督检查，此次调研抽查发现，某县班子成员的落实主体责任清单没有落款日期、没有本人签字，清单系临时编造作假。

敷衍塞责。有的地区（部门）为了应付检查，将党风廉政大会阵势搞得很大，但多以读文件、作指示等"空对空"的形式进行。少数地区（部门）在执纪问责上打折扣、搞变通，处理偏轻偏软。个别地方执行纪律处分决定不到位，存在"打白条"现象。如，过去三年间，某市国土局纪委收到信访线索29件，没有认真核实或潦草调查，直接作了结处理的就有27件；某县教育系统在实施营养餐采购时就出现贪腐问题，但有关部门未引起足够重视，监督监管落虚落空，导致发展为腐败窝案；一些省管金融机构纪检监察部门存在"压案不查""轻拿轻放"等问题，以"解聘""开除"等方式处理违纪违法行为；某市有8家单位因履行主体责任不力被上级纪委通报，但其中仍有6家参与了年度考核评比并获奖。

出工不出力。少数党委（党组）书记对班子成员落实"一岗双责"督促检查不够有力，压力传导不到位。检查发现，少数县委书记未落实每半年对班子成员履行主体责任情况进行监督检查规定，还有的只以通过在班子成员履职台账上签字确认的方式进行监督检查。有的领导干部履行主体责任不积极、不主动，工作中"等拖靠"，或落实责任上推下卸。调研座谈中，有些县委班子成员认为主体责任是党委书记的事、监督责任是纪委书记的事，遇到下属出问题就让纪委书记找相关人员谈话。有的领导干部重业务轻党建，履行主体责任不认真、不走心。少数领导干部"老好人"思想严重，对违规违纪问题不抵制、不处理，连批评教育也是装装样子、走走形式。如，某省直部门下属企业服务中心党委多年未召开过党委会，党组织形同虚设，党员长期游离于组织之外；一些金融机构党建工作与业务经营"两张皮"的现象比较突出，实际工作中多以管业务方式代替对人员的监督管理；某省直部门班子成员和处（室）领导对所属干部职工违规问题听之任之，导致单位一度出现作风松散和蚅乱写信告状等问题。

## 存在问题的原因分析

政治意识淡薄。落实主体责任搞形式主义是严肃的政治问题，根本上是政治意识不强、政治站位不高。有的党委（党组）书记没有认识到履行第一责任人的责任是党章赋予的重要职责，责任的担当关系到全面从严治党的成效，思想认识不到位，导致"政绩观"畸形。有的领导干部认为党建工作和党风廉政建设是"虚"的，不愿下功夫固本培基，往往把责任推给纪委，在实际履责中实事虚做、长事短做、难事不做。

担当精神不强。落实主体责任中存在这样或那样的形式主义表现，反映出一些领导干部不愿担当，党内"老好人"思想作祟。有的领导干部原则性不强，不敢得罪人，对违规违纪问题该批评的不批评，该处理的不处理。同时，由于缺乏党内政治生活历练，有的领导干部政策水平、理论素养不高，对履行全面从严治党主体责任思路不清、办法不多，只能层层喊口号、装样子，认认真真"走过场"。

压力传导不够。落实主体责任存在形式主义，很重要的是没有做到逐级压实责任、层层传导压力。上级对下级党组织和领导干部的履职情况督促指导不力，单位一把手对班子成员跟踪检查不到位，甚至不管不问、放任自流。督导检查看外在形式多，看实际效果少；考核评价机制不健全、不完善，对搞形式主义的没有批评提醒，甚至不追责问责。久而久之，导致压力逐渐递减、责任层层弱化。

示范引领不够。实践证明，一些单位主体责任不落实，违规违纪问题频发，往往是班子成员特别是一把手没有发挥好带头作用，甚至起反作用。单位主要负责人对主体责任不重视，抓落实上搞形式主义，其他班子成员纷纷效仿，履行"一岗双责"就会流于形式。还有个别领导干部带头违反党规党纪，破坏了政治生态，影响了内部风气，必然造成全面管党治党责任落虚落空。

## 推动主体责任落实的意见建议

各级纪检监察机关必须立足监督"第一职责"，探索强化监督职能，督促各级党组织、领导干部强化政治担当，认真落实管党治党主体责任。

加强政治监督，督促提高政治站位。推动联系地区（部门）党委（党组）结合开展"不忘初心、牢记使命"主题教育，在学深、悟透、做实习近平新时代中国特色社会主义思想上下功夫，让意识掌握主体，引导领导干部从思想根源上清除形式主义，形成履行主体责任的政治自觉、思想自觉、行动自觉。从坚决落实"两个维护"的高度，把整治形式主义作为政治监督的重要任务，坚决纠治空泛表态、应景造势、敷衍塞责、出工不出力等问题，督促领导干部在工作谋划、跟踪落实中切实履行主体责任，把全面从严治党、党风廉政建设和反腐败斗争、反对"四风"做到位，确保党中央、省委重大决策部署落地落实。

推动专项整治，健全完善落实机制。结合贯彻省纪委印发的《关于集中整治形式主义、官僚主义实施意见》，督导联系地区（部门）党委（党组）针对落实主体责任中的形式主义进行全面排查，找准突出问题，列出负面清单，拿出整改措施。推动构建层级化的责任落实机制，重点研究清理制度规定针对性不强、落实责任强调过度留痕等问题，制定科学合理、权责明晰的责任清单，将党委书记、班子成员以及纪检监察机关、有关职能部门的责任细化、具体化，防止责任落实虚化。

做实日常监督，持续传导压力责任。采取调阅资料、召开座谈会、面对面访谈、暗访抽查等方式开展督导检查，对发现落实主体责任不认真、不到位尤其是搞形式主义的，运用好谈话、约谈等措施进行提醒纠正。完善党委（党组）书记述责述廉、接受询问等制度，指导联系地区（部门）开好民主生活会，紧盯落实主体责任中的形式主义表现，督促领导干部深入查找问题、深刻反思，不断传导压力、压实责任。定期研判联系地区（部门）政治生态，加强对形式主义问题研究，分析根源和发生规律，采取发送纪律检查、监察建议书等形式，督促有关党组织修订完善相关规定，堵塞监管漏洞。

严肃追责问责，倒逼责任落实。动员千遍，不如问责一次。紧紧牵住问责这个有力"缰绳"，对因落实主体责任搞形式主义，导致出现重大违规违纪甚至违法问题的地区（部门），实行"一案双查"，既追究当事人的责任，又追究有关党组织和领导干部的责任。健全完善典型问题通报制度，对查处的典型形式主义问题，点名道姓、公开曝光，有效发挥警示和惩戒作用，推动领导干部把全面从严治党主体责任落到实处。

# 七、以精准问责砥砺政治担当 *

## ——吉林省开展党内问责工作情况调查分析

针对之前一些地方存在的"问责泛化滥用，动不动就签'责任状'、搞'一票否决'，甚至把问责作为推卸责任的'挡箭牌'"等形式主义、官僚主义的问题，十九届中央纪委三次全会工作报告明确提出，"要扭住主体责任，履行监督专责，实施精准问责，防止问责不力或者问责泛化、简单化"。

为深入贯彻党中央和中央纪委决策部署，推动党内问责工作高质量发展，吉林省纪委监委就全省各级党委（党组）和纪检监察机关开展问责工作情况展开专题调研，在摸清底数、找准问题、分析原因的基础上，研究提出进一步提升党内问责质效的对策建议。

## 党内问责工作坚定有力、规范有序、扎实有效

吉林省各级党委（党组）和纪检监察机关，聚焦党内问责条例规定的六种情形，对不担当、不负责、不作为、乱作为等问题进行严肃问责，推动管党治党责任全面覆盖、层层落实。2018 年，全省共问责 4 个单位党组织、2112 名党员干部。

聚焦政治建设，做到"两个维护"。以党的政治建设统领问责工作，围绕贯彻党的十九大精神，严肃政治纪律和政治规矩，推动党中央重大决策部

---

\* 吉林省纪委监委研究室。

署和省委工作要求落实,问责党员干部883人次。主要针对统计数据造假行为,问题疫苗案件中涉及的失职失责失察行为,贯彻脱贫攻坚决策部署不务实不扎实行为,落实中央生态环保政策规定中的有令不行、有禁不止行为,落实中央和省委巡视反馈意见中的表面整改、敷衍整改行为,强化查处问责,督促各级党组织和党员干部把树牢"四个意识"、践行"两个维护"落实到实际行动上、体现在具体工作中。

聚焦关键少数,彰显制度刚性。严格依照党内问责条例规定,紧盯各级党委(党组)、党的工作部门及其领导成员,各级纪委(纪检监察组)及其领导成员,把主要负责人作为问责重点,督促他们发挥"头雁效应",夯实管党治党政治责任。2018年,全省问责县处级以上领导干部159人次,其中问责厅局级干部36人次;问责一把手183人次,同比增长394.6%,占被问责总人数的8.66%。其中,在被问责的36名厅局级领导干部中,有29人因管党治党不力或在推进重点工作中不担当不作为等问题被问责,占80.5%。省委对19名不担当不作为干部进行组织处理,其中有3名省纪委监委派驻纪检监察组组长因抓党风廉政建设不严不实不细,该监督不监督、该提醒不提醒、该发现不发现,履行监督责任不力,所在单位发生严重违纪违法案件,造成恶劣影响而被免职。

聚焦突出问题,拧紧责任螺丝。坚持问题导向,有什么问题就问责什么问题,什么问题突出就抓住什么问题一问到底,强力推动全面从严治党责任落实落细。从实施问责的主要问题类型看,党的领导弱化、党的建设缺失、贯彻党中央重大决策部署不坚决不到位占9.4%;贯彻落实中央八项规定精神和整治"四风"问题不力占13.2%;选人用人问题突出占2.3%;发生严重违纪违法问题占5.8%;不担当不作为占19.3%;群众身边腐败和作风问题突出占21.4%;放纵包庇黑恶势力甚至充当"保护伞"导致侵害群众利益问题长期得不到解决占2.8%。在严肃问责的同时,加大通报曝光力度,省纪委监委通报曝光3批17起管党治党不力被问责典型问题,各市(州)党委、纪委监委分66次专门通报曝光230起典型问题。

聚焦目标任务,提升问责效果。从有利于加强党的建设、保障党的事业出发,综合研判、全面考察、有效开展问责工作。一方面,坚持实事求是、责罚相当，把党内问责条例与党纪处分条例贯通使用，把握运用监督执纪"四种形态"，区别不同情况，综合运用批评教育、诫勉谈话、组织处理和纪律处分等多种方式实施责任追究。另一方面，注重关怀信任、保护干部积极性，部分市县制定党员干部履职尽责容错实施办法，对被问责干部及时跟踪回访，开展谈心谈话，促使其打通思想、放下包袱、振奋精神、积极作为。

# 党内问责存在一些倾向性问题

调研发现，有的地方、部门和单位在实施主体、问责范围、程序执行、认定处置等方面存在一些倾向性问题。

实施主体单一化。党内问责条例规定党组织是问责决定的主体，党的工作部门也有权采取相应方式实施问责。但目前看，问责工作大多由纪检监察机关启动实施，党委（党组）以及党的工作部门问责相对较少。在一些地方，党委（党组）从未直接作出过问责决定，党的工作部门从未开展过问责工作，完全是纪检监察机关"包打天下"。有的市县反映，在发生问题需要追究干部责任时，当地党委主要负责同志都习惯性地交给纪委办理。究其原因，主要是一些党组织和党员干部在思想认识上存在误区，有的"揣着糊涂装明白"，片面地认为问责就是纪委的事情；有的"揣着明白装糊涂"，落实问责工作缺位、失位的背后，是不想问责、怕得罪人的"好人主义"思想在作怪。

问责范围扩大化。一些地方把不该采取问责方式的问责对象、不适用党内问责条例的一般性工作问题纳入问责范围，导致问责工作在问责对象、问责事项上出现泛化现象。有的混淆直接责任与领导责任、集体责任与个体责任的界限，出现只追究直接责任不问责领导责任、以集体责任掩盖个体责任、以个体责任代替集体责任等问题。这里既有对问责对象、问责事项、责任划分"心里没数"或"人为凑数"的因素，也有政策水平不高，对问责应当问到哪一级、问到什么程度把握不准的原因，还有出于"照顾面子"而"大事化小"，放大自由裁量空间的问题，其实质都是缺乏责任心，贯彻执行中央精神不严不实不细。

程序执行随意化。基层反映，有的党组织对党员干部采取组织处理措施问责时，仅凭领导一句话就作出免职等处理，缺乏必要的程序性调查；有的党组织在发生事故后未考虑到舆论影响，在纪检监察机关、组织人事部门未办理问责处理手续的情况下就先行公开通报；有的纪检监察机关在实际工作中以纪律审查程序代替问责程序，甚至先作出处分决定后补办问责手续。这说明，个别党组织和党员干部在程序执行方面随意性比较大，在一定程度上损害了问责的严肃性和约束力。其中，既有主观上程序意识不强、对问责程序把握不够的原因，也有客观上一些制度规定不够明确具体，导致执行起来不便于操作的因素。

认定处置简单化。具体体现为"四多四少"。一些地方针对工作措施不力、工作责任不落实等问题问责较多，对其背后存在的党的领导弱化、党的建设缺失、全面从严治党不力的问题问责较少；在正风肃纪、惩贪治腐、扫黑除恶过程中开展"一案双查""责任倒查"问责较多，对党组织和领导干部在日常工作中的不作为、慢作为、假作为等行为问责较少；以问题性质、损失程度、社会影响等客观后果为主进行考量较多，对责任主体主动履职情况、担当作为情况等主观方面考量较少；推动工作流于问责基层、把板子打在基层身上、出了问题"一问了之"的情况较多，立足解决现实问题及时跟踪回访、关心帮助被问责干部、推动工作整改和事业发展较少。上述问题说到底还是政治站位和全局视野问题，是如何体现实事求是方针和服务保障发展的问题。

## 推动党内问责工作高质量发展

突出政治问责。把"两个维护"作为首要政治任务，对维护政治纪律和政治规矩不力，违背党的政治路线、破坏党内政治生态，阻碍党中央大政方针贯彻落实、人民群众反映强烈、造成严重后果等问题严肃问责；提升政治站位，对造成问题事故发生或任务不落实、措施不力等表象背后存在的党的领导弱化、党的建设缺失、全面从严治党不力等问题严肃问责；加强政治监督，督促各级党委（党组）、党的工作部门落实党内问责主体责任，对工作缺位、失位，该问责不问责，造成严重后果的，更要严肃问责。

注重精准问责。在问责对象上抓住"关键少数"，分清直接责任与领导责任、集体责任与个体责任，找准问责方向和路径，对普通党员履职不力、工作失职造成后果的，可以交由纪检机关依党纪处分条例立案审查，给予纪律处分；在问责事项上突出重点领域，围绕贯彻中央八项规定精神、纠治"四风"、选人用人、脱贫攻坚、环境保护、扫黑除恶等领域，聚焦管党治党政治责任，加大对不作为乱作为、失职失责问题的问责力度；在责任认定上坚持实事求是，既不随意放大或缩小问责情形，也不擅自抬高或降低问责标杆，既不搞选择性的"舍卒保帅"，也不搞无原则的"连带连坐"；在问责方式上体现综合施策，把握运用监督执纪"四种形态"，综合运用批评教育、诫勉谈话、组织处理和纪律处分等多种方式实施责任追究。

强化规范问责。规范程序执行，根据实际工作需要，修订相关制度，进一步完善问责的启动立案、调查审理、审批报备、决定执行等程序，对各个环节的手续、要件进行明确并严格执行，体现科学性、维护公正性、确保严肃性；规范处置标准，着力实现党内问责条例与其他党内法规制度的紧密衔接，实现个案问责与同类多案问责的统筹统揽，坚决避免问责尺度把握不均和问责存在随意性的现象；规范数据管理，以监督执纪问责系统改造升级为契机，进一步完善问责模块，制定并严格执行各级党组织和党的工作部门开展问责情况向纪检机关通报制度。

务求有效问责。坚持强化问责与教育警示相统一，从中央和省级层面加大问责典型案例通报曝光力度，层层传导压力，持续释放强烈信号，推动形成不敢失职、不敢失责的氛围；坚持强化问责与监督执纪相统一，搞好工作衔接，将监督执纪中发现的问题及时向问责环节传递，做到早发现、早处置，避免问责成为"马后炮"，给事业带来更大损失和不良影响；坚持强化问责与推动整改相统一，坚决防止就问责抓问责、不计实情过多问责、以问责代替整改等行为，用整改落实的最终成果检验问责实效；坚持强化问责与激励担当相统一，既在提出处理意见时严格区分抓与不抓、教与不教、察与不察、惩与不惩、报与不报，充分考虑责任人主动履职、担当作为的情况，又注意发现和肯定问责处理后作风有明显转变的干部和党组织，发挥问责推动干事创业、保障改革发展的正向效应。

# 八、着力提高问责政治性精准性实效性 *
## ——对开展党内问责工作的实践和思考

2019 年 9 月 4 日，中共中央印发修订后的《中国共产党问责条例》（以下简称《问责条例》）。《问责条例》以习近平新时代中国特色社会主义思想为指导，以党章为根本遵循，把"两个维护"作为根本原则和首要任务，聚焦管党治党政治责任，坚持严字当头，对党的问责工作原则、程序、方式等作出进一步规范和完善，着力提高党的问责的政治性、精准性、实效性。同时，《问责条例》明确提出问责调查工作要"精准提出处理意见，做到事实清楚、证据确凿、依据充分、责任分明、程序合规、处理恰当，防止问责不力或者问责泛化、简单化"。

日前，山东省纪委监委第六监督检查室成立调研组，对提升问责工作精准度开展专题调研。

## 开展问责工作的实践探索

站稳政治立场，履行监督专责。一是强化政治监督。以政治建设为统领，坚守政治定力，紧扣职责职能加强政治监督。切实在督促落实党的路线方针政策、党中央和省委重大决策部署中充分发挥职能作用，对上有政策、下有对策，有令不行、有禁不止等行为和形式主义、官僚主义问题，坚决查

---

* 山东省纪委监委第六监督检查室。

处、严肃问责，以强有力的问责推动全面从严治党向纵深发展，将"两个维护"坚决落到实处。二是强化监督的再监督。作为党内监督专责机关，工作中我们坚守职责定位，强化"监督的再监督"，通过组织开展专项治理、专项督查等专项监督，精准发现问题，找准责任主体，压实主体责任；积极运用"互联网＋监督检查"模式，对地方党委、政府及职能部门的履职尽责情况进行常态化动态化监督，发现问题及时督促整改，对于失职失责，造成严重后果或者恶劣影响的，予以严肃问责。

坚持问责必严，保持惩处力度。一是坚持问责必严。结合日常监督等工作，紧紧抓住发现的工作浮漂、责任虚化、敷衍塞责、落实不力等突出问题，敢于较真碰硬，勇于铁面问责。二是坚持终身问责。对失职失责性质恶劣、后果严重的，不论责任人是否调离转岗、提拔或退休，都严肃问责，充分发挥震慑警示作用。三是强化对下指导。强化对下问责工作的指导，对于业务部门提出的具体问责意见尊重而不盲从，实事求是地提出意见建议。在问责过程中，一方面，注重会同下级纪委认真分析研究，结合具体案情，充分听取各方合理意见；另一方面，按照精准问责的要求，区分不同情况，正确研判问题的性质和后果，做到宽严有度。

坚持精准聚焦，提高问责精度。问责是一项政治性、政策性很强的工作，一事当前，该不该问责、该问谁的责、问什么责、问到哪一层级，关乎问责效果和党组织公信力。作为党内监督专责机关，工作中严格遵循《问责条例》等法规要求，聚焦领导责任，努力实现精准问责，坚决防止问责不力或者问责泛化、简单化等问题。一是坚持失责必问，问在关键事。针对有关党组织和领导干部违反党章和其他法律法规，不履行或不正确履行职责，特别是出现党的领导弱化、党的政治建设抓得不实、党的思想建设缺失、党的组织建设薄弱、党的作风建设松懈、党的纪律建设抓得不严、推进党风廉政建设和反腐败斗争不坚决、全面从严治党两个责任落实不到位、履行管理监督职责不力，以及在涉及人民群众利益问题上不作为、乱作为、慢作为、假作为等突出问题的，及时启动问责，充分发挥震慑效应，激发担当精神。二是突出领导责任，问准关键人。针对问责工作存在的泛化简单化问题，紧盯各级领导机关、领导干部尤其是主要负责人，从重问责领导（决策）责任，从轻问责执行责任。在问责过程中注重既解决主要领导干部责任不聚焦、问责泛化的问题，又注重消除责任"甩锅"等一系列问题，努力取得较好的政治社会效果。三是精准确定权责，问到关键处。针对事实情况，分清直接责任、主要（直接）领导责任、重要领导责任。对党组织问责的，同时对负有领导责任的班子成员进行问责；精准还原权力运行轨迹，分清决策责任、执行责任、监管责任。

# 基层问责工作存在的问题

责任定位不准。一是定位不准。有的领导干部片面认为问责是纪委的事，一些党组织及相关工作部门履行监督职责、主动问责追责还不够，尚未形成合力。二是担当不够。有的党组织和党员领导干部缺乏担当，担心影响经济发展和业务工作，不敢问责、不愿问责。三是过度依赖。有的党组织和党员领导干部对问责的目的不是很清楚，简单地把问责当成一种工具，想靠问责"包打天下"，将其作为推动工作、管理干部的优先手段。

问责不精准。从近年来的问责工作情况看，基层普遍反映当前问责不精准，存在泛化简单化问题。突出表现有：一是上轻下重。问责工作中不同程度地存在向下问责多，向上问责少；执行责任重，领导责任轻，上轻下重的现象较为突出。二是"甩锅""背锅"。问责人员过多过滥，特别是责任"甩锅"现象突出，有的问责工作甚至出现"背锅"现象。如，在某项督查问责中，有的部门甚至提出让下级单位自己选出一个级别的干部来承担责任的荒唐要求，不负责、不慎重、不严肃。

问责不规范。一是"戴帽"问责。有的业务部门向下级党委、政府提出"戴帽"问责要求。问责中有的上级业务部门提出了具体的处分建议，对后期问责影响很大，从程序上讲也不规范。二是应急问责。有的地方把问责作为处理危机事件、回应社会质疑以及应付上级检查的应急性举措，而非自觉的制度化问责。三是能力不足。从实践来看，问责本领不足、本领恐慌的现象不同程度地存在。突出表现在划分责任上欠科学，还不能熟练根据事实的不同特点精准划分责任。

问责效果不佳。一是问责不平衡。不同地市之间甚至同一地市的不同县区之间，对问责尺度的把握处理上存在不平衡；有的地方将严肃问责和宽严相济政策对立起来，看不到两者的统一性。往往一提到严肃问责就完全放弃宽严相济的政策，一讲到宽严相济就忘记严肃问责。二是"一问了之"。对问责的干部后期思想及工作情况了解不够，没有及时开展回访，对问责效果及干部群众反映不闻不问，存在"一问了之"等问题。三是"后半篇文章"不足。有的开展纪律、警示教育不够经常，以案促改工作没有及时跟上，虽然提出了治本建议，但跟进督导抓得不紧，推动发生问题的部门整改不够有力。

## 坚持问题导向实现精准问责

精准履职，确保精准规范的问责质效。一是要精准聚焦。工作中要紧盯政治责任、政治纪律、政治规矩、形式主义、官僚主义、发生在群众身边的腐败和作风等突出问题，对贯彻落实党的路线方针政策和中央决策部署不坚决不彻底的，党内政治生活不正常、组织生活不健全、党组织软弱涣散，贯彻落实中央和省委决策部署"走过场""做虚功""假把式"，扶贫领域、扫黑除恶、惠民政策落实等方面的两个责任及监管缺位等问题，严肃问责。二是要精准划分责任。在坚持实事求是的前提下，根据具体实际情况正确划分责任，尤其是要熟练运用按照权力运行轨迹划分决策责任、执行责任、监管责任，同时要正确区分执行不当、执行不力、不执行等不同情况，重点问责决策（领导）责任，兼顾问责执行责任，以期形成正面引导。三是要精准适度。问责中综合考量"动机态度、客观条件、程序方法、性质程度、后果影响、挽回损失"等要件，让被问责的党员干部心服口服，问出责任、问出担当。四是要精准指导。针对问责泛化简单化及问责不力等问题，要通过典型案例指导、审理分析、监督检查等方式加强指导和审核把关，切实维护问责工作的严肃性、权威性和公信力。

　　精准施策，提高担当作为的问责实效。"惩前毖后，治病救人"是我党一贯坚持的原则，问责的最终目的不是处理多少人，而是要通过问责激励干部担当作为，最终达到干事创业的目的。工作中要坚持辩证施策，注重激发被问责党员干部担当作为。一是坚持"三个区分开来"原则。综合考虑主客观因素，对符合容错条件给予免责的干部，大胆容错免责，树立正向激励导向，努力实现政治效果、纪法效果、社会效果相统一。二是坚持严管厚爱。问责既要体现执纪执法的力度，又要充分彰显组织的温度。既要最大限度地发挥问责的震慑作用，又要防止问责扩大化，保护干事创业的良好氛围。全面了解被问责人员的思想状况，综合运用鼓励、教育等方式，促使其放下包袱，振奋精神，对影响期满、表现较好的干部，符合条件的，该使用大胆使用。

　　精准诊治，建立标本兼治的问责长效。对于问责工作中发现的普遍性规律性问题，要精准把脉，精准诊治，最终实现标本兼治。一是深化以案治本。对于问责过程中发现的问题，要追根溯源，精准查找"病根"和"病灶"，善于从制度上予以解决，发挥制度的治本功能。二是注重以案促改。把问责工作与严肃党内政治生活结合起来，针对普遍性问题向有关联系地区下发纪律检查建议书或监察建议书，督促举一反三、全面整改；针对日常监督发现的突出问题，责成相关单位提出切实可行的整改意见并督促其落实。三是释放震慑信号。加大对问责典型案例的通报曝光力度，督促被问责干部在民主生活会或其他党的会议上作出深刻检查，起到问责一人、警醒一片的效果。

第四部分

深入推进作风建设

# 一、保持"一篙松劲退千寻"的清醒认识 *

## ——关于"四风"问题及其隐形变异突出表现的调研

十九届中央纪委三次全会强调,坚持问题导向解决党风问题,持续督查落实中央八项规定及其实施细则精神,深挖细查"四风"问题隐形变异的种种表现,一个节点一个节点地盯住,对顶风违纪从严查处,对典型案例通报曝光,完善领导干部插手特殊资源的禁止性规定,坚持不懈、注重实效,促进规范、化风成俗。

近期,天津市纪委监委成立课题组,结合当前查处"四风"问题总体情况,围绕"四风"问题及其隐形变异的突出表现开展专题调研。

## 查处"四风"问题逐年下降,奢靡享乐之风基本刹住

中央八项规定出台以来,截至 2019 年 3 月,天津市共查处违反中央八项规定精神问题 3805 起。其中,违纪行为发生在 2013 年的 1341 起,占比 35.2%;发生在 2014 年的 629 起,占比 16.5%;发生在 2015 年的 673 起,占比 17.7%;发生在 2016 年的 549 起,占比 14.4%;发生在 2017 年的 379 起,占比 10.0%;发生在 2018 年的 233 起,占比 6.1%;发生在 2019 年 1—3 月的 1 起,占比 0.1%。从查处情况看,违纪问题的发生数量总体呈逐年下降的趋势。这表明奢靡享乐之风基本刹住,巩固拓展落实中央八项规定精神成果成效明显。

---

* 天津市纪委监委课题组。

## 高压之下出现隐形变异，反弹回潮隐患仍在

从问题类型上看，2016 年至 2018 年，查处违规发放津贴补贴或福利、违规收送礼品礼金、违规配备使用公务用车、违规公款吃喝等 4 类问题累计所占比重居高不下。其中，2016 年 4 类问题占比 72.7%，2017 年 4 类问题占比 79.1%，2018 年 4 类问题占比 80.2%。说明享乐奢靡的老问题积习难改、病根仍在。

从违纪行为上看，2016 年至 2018 年，查处的问题中隐形变异的问题占比近两成，出现了一些"升级翻新"的新动向新表现。一是由"明"转"暗"。有的不敢明目张胆地违规发放津贴补贴，而是巧立名目、套取资金发放。如，东丽区原计生委以发放住院慰问金、职工亲属丧葬慰问金等名义，向本单位职工违规发放津贴补贴。有的为掩人耳目不再"面对面"收送礼金，而是搞起"键对键"。如，天津港联盟国际集装箱码头有限公司管理部货队队长张某某，自 2015 年起，逢年过节通过微信转账方式收受员工礼金。二是由"公"变"私"。有的不吃公款吃老板，违规接受私营企业主、下属等管理服务对象宴请。如，天津市无线电管理委员会办公室台站管理处原处长陈某某在 2017 年某评估项目验收会后，违规接受项目承办单位相关经理宴请。有的将公车私用变成私车公养，用公务加油卡给私家车加油。如，天津市无线电监测站滨海分中心原主任刘某某先后 45 次使用单位加油卡为私家车加油。三是化"整"为"零"。有的在操办婚丧喜庆事宜时不再讲排场、比阔气，而是小规模、多批次操办，搞形式上的"合乎标准"。如，天津长芦汉沽盐场有限责任公司所属制盐场原党委副书记、场长刘某某在为其子操办婚礼时，分四批次宴请收受同事和下属礼金。有的将办公用房面积进行"技术处理"，"添桌子""挂牌子""设暗门""打游击"，想方设法"隐蔽超标"。如，河西区桃园街道工委书记王某某占用中间有隔门的两间房屋，一间日常办公，一间会客和存放个人物品，使用面积超出办公用房规定标准。以上情况反映出一些党员领导干部仍不收敛不收手，反弹回潮的隐患依然存在。

## 国企领域问题突出，与商业行为呈相关性

2018 年，国资系统查处违反中央八项规定精神问题 88 起，同比增长 46.7%，远高于全市 17.7% 的增长率，反映出市属国有企业的"四风"问题较为突出。查处的 9 类问题中，以违规收送礼品礼金问题最为突出，占比 31.8%。如，天津市市政建设开发有限责任公司原党委书记、董事长刘某某收受合作单位所送高档白酒、冬虫夏草、西洋参等礼品问题。这反映出商务往来过程中的廉政风险依然较高，构建"亲""清"的新型政商关系依然任重道远。

## 形式主义官僚主义和不担当不作为问题凸显

在全面从严治党越来越严的背景下，一些干部抱着"为了不出事，宁愿不干事"的想法，慵懒无为、消极懈怠，群众反映强烈。2018 年，天津市共查处形式主义官僚主义、不担当不作为问题 2652 起，问责 4304 人，反映出形式主义官僚主义和不担当不作为问题突出，治理形势依然严峻复杂。有的不讲政治、有令不行，表态多调门高、行动少落实差，贯彻落实党中央决策部署不力。如，"七里海""大黄堡"生态环保问题，以及违法违规建设"大棚房"问题，就是对贯彻落实习近平总书记重要指示批示和党中央重大决策部署打折扣、搞变通的典型。有的官僚做派、消极懈怠，损害天津营商环境和政府形象。如，天津市国土房管局原党委委员、副局长张某某不正确履职，导致某开发项目长期未开工建设，开发公司上门协调百余次无果，侵害了开发公司切身利益，影响了全市营商环境，损害了党和政府的形象和公信力。有的抱残守缺、不思进取，贻误改革发展。如，天津轨道交通集团有限公司原党委书记、董事长苗某某思想保守、缺乏担当，工作上推拖等靠、守摊守成，错失发展良机，与其他城市相比，地铁建设规模和发展速度均有明显差距。有的心无百姓，漠视民声，不想着如何方便群众办事，反而人为增

设审批条件。如，河东区一名患有严重糖尿病行动困难的群众，想申请低保却被属地街道办事处要求提供三份由不同三甲医院出具的诊断证明。为了拿齐证明，家人不得不带其多次往返医院。有的守土不力、尸位素餐，履行主体责任、监督责任不到位。如，天津出版总社原社长肖某某不作为乱作为，因管理混乱导致估值百亿余元的社藏画作失管失控。此外，有的系统组织开展检查考核机械教条，重形式轻效果，片面强调痕迹化管理，基层为应付检查催生出"形似"主义，值得予以关注。表现为干工作重"形"不重"神"，花大量的时间精力弄台账、整档案，而对工作实效漠不关心。如，个别企业为应付党务工作检查，要求出差在外地的党员连夜赶抄"手写"的心得体会，再寄回单位。

## 紧盯问题新变化，将纠治工作落细落实

始终保持高压态势。结合"不忘初心、牢记使命"主题教育，督促各级党组织和党员干部更加注重从政治上看问题，把落实中央八项规定精神情况作为检验是否树牢"四个意识"、坚定"四个自信"、坚决做到"两个维护"的重要标尺，驰而不息纠正"四风"。要精准运用"四种形态"，既要抓早抓小、防微杜渐，又要依规依纪依法从严处理顶风违纪问题特别是党的十九大后不收敛不收手行为；既要严肃查处违纪人员，又要坚持"一案双查"，倒查主体责任和监督责任。加大通报曝光力度，对受到党纪政务处分的党员干部，点名道姓通报曝光。坚持巡视巡察、执纪审查、专项整治多措并举，疾风厉势扫除顽瘴痼疾，坚决打赢作风建设持久战、攻坚战。

持续完善制度机制。"四风"问题隐形变异的重要原因是制度机制不严密。在强化整治的同时，要深化对"四风"问题的总体研判，坚持以案促教、以案促改、以案促建，强化监督首责，督促"四风"问题突出的地区、部门和单位全面纠正整改，并从制度上防范问题发生。坚持问题导向，突出制度的精准性和可操作性，督促相关部门完善制度规定，列出一批正面、负面清单，逐步形成科学、严密、有效的制度体系。加强调查研究，建立健全干部

作风建设常态考评体系，推进作风建设常态化长效化。强化制度的刚性约束，加强对制度执行情况的监督检查，严肃查处违反制度规定行为，确保制度执行到位，真正发挥作用。

不断创新查处方式。积极探索运用科技手段，着力提高发现问题的能力。用好"四风"问题举报平台，畅通电话、网络、客户端、微信等渠道，让监督无处不在，让"四风"问题无所遁形。加强与财政、审计、税务等职能部门沟通的协作，强化部门之间的数据融合，注重利用"大数据"等分析手段，确保及时发现、从严查处违规违纪问题。坚持打整体战，强化"一盘棋"理念，整合力量、协同作战，推进全系统上下联动、"四个监督"衔接贯通，把分散在各处的"四风"问题线索汇集起来分析研判，不断提升"四风"问题查处的科学性、精准性、时效性。

# 二、整治"虚"风要出"实"招[*]

## ——关于克服形式主义与官僚主义的调研

习近平总书记在十九届中央纪委三次全会上强调，要把力戒形式主义、官僚主义作为重要任务。各地区各部门党委（党组）要履行主体责任，紧盯形式主义、官僚主义新动向新表现，拿出有效管用的整治措施。

近日，河北省邢台市纪委监委重点结合《关于贯彻落实习近平总书记重要指示精神　集中整治形式主义、官僚主义的工作意见》（以下简称《工作意见》）中明确的有关形式主义、官僚主义四个方面的 12 类突出问题，深入基层开展调研，重点查找空泛表态、应景造势、敷衍塞责、出工不出力等具体表现，查找问题症结，提出对策建议。

## 形式主义、官僚主义的几种表现

贯彻落实表里不一。习近平总书记在十九届中央纪委三次全会上的重要讲话指出："对党中央决策部署，必须坚定坚决、不折不扣、落实落细。"十九届中央纪委三次全会公报强调，严肃查处空泛表态、应景造势、敷衍塞责、出工不出力等问题。而在实际工作中，重痕不重绩、治表不治里的现象时有发生。有的单位以为"有方案、有专班"就算对上级工作部署和要求的贯彻落实。如，个别单位制定方案与上级方案雷同，主要负责同志对具体落

---

　＊　河北省邢台市纪委监委调研组。

实阶段各部门应承担的工作任务不清楚。有的单位对上级关注的工作投入精力多，注重包装表面形象，而对需内功着力的工作敷衍了事。如，某县在开展扶贫领域的监督执纪问责工作中发现，有单位在74岁老人扶贫手册上填写的帮扶措施有"联系找工作"这样严重脱离实际、交差了事的行为。有些工作以"留痕"为落地凭证。如，有的基层单位在一个会议上为了拍照留痕要换几次会标，对过往之事甚至通过摆拍等手段"情景再现"。

服务群众不走心。习近平总书记在十九届中央纪委三次全会上的重要讲话要求："必须坚持以人民为中心，确保立党为公、执政为民。"然而，部分党员干部却重官位重私利，部分部门和单位轻监管轻服务。有的对政策解读不到位，执行生硬，对群众诉求漠不关心；有的不深入基层和群众，遇事怕麻烦，拈轻怕重；有的因政策冲突，部门间互不相让，本该沟通协商解决的事情，却让群众两头跑受"夹板气"。调研还发现，一些窗口单位、职能部门，门虽然好进，但态度生硬；有的地方监管不到位，一些单位投诉举报集中，虽然按规定进行了处理，但未认真针对突出问题开展全面排查和专项整治，没有起到震慑作用。

担当作为不到位。在实际工作中，《工作意见》中明确的"不担当、不作为、慢作为、乱作为、假作为等严重影响改革发展高质量的突出问题"，不同程度地存在。有的党员干部干工作照猫画虎、生搬硬套，别人怎么做他就怎么做。有些部门过度强调属地责任，部署工作电话通知、群内点名，只强调层层签订责任书，提到管理监督责任时却层层推卸责任。有的干部"等靠要"思想严重，不推不动，甚至推都不动，宁可不干事也要不出事。调研中发现，民生领域是乱作为、乱决策的重灾区之一。如，在脱贫攻坚工作中，有的基层干部"乱作为"，为自家亲朋"创造条件"；有的干部未经集体讨论"乱决策"，擅自作主随意变通脱贫项目资金，侵害贫困户利益。

"学研督考"缺实效。学习、调研、督查、考核工作虽然数量不少、形式多样，但存在成效不足的现象。一些单位调研走过场，存在"办公桌"调研、"安排式"调研、"座谈会"调研、"一刀切"调研、"层级式"调研现象。如，某单位"凭想象"形成"自述式"调研报告应付上级检查；某单位提前确定一批"被调研专业户"，对存在的问题蜻蜓点水、一谈了之。调研还发现，一些地方检查考核呈现"重复查""分段查""群督查"的特点，有时还会发生外行检查考核内行、考核尺度不一的情况。有的单位搞材料迎检，安排专人负责对一年来26项工作进行留痕操作；有的单位曾58次突击加班"补材料"。

# 深挖细究查找"病根"

思想偏差认识缺位。一些党员干部理想信念不够牢固，"四个意识"理解片面，缺少激情和奋斗精神，贯彻落实"四个意识"随大流、口号化。少数党员干部宗旨意识淡薄，群众观念弱化，导致责任意识、担当意识不足。个别领导干部特权思想作祟，政绩观错位，重迹不重绩，留痕不留心，大搞花拳绣腿，甚至弄虚作假。

本领不足缺乏担当。党的十九大报告指出："我们党既要政治过硬，也要本领高强。"一些干部不注重用习近平新时代中国特色社会主义思想武装头脑，尤其是在面临中央的新决策新部署、发展的新形势新常态时，不能准确理解政策精髓，对工作要求标准不高、谋划不足，不敢冲、不敢进，遇到困难畏首畏尾、患得患失，缺乏政治担当、责任担当。

责任不实考核简单。除干部自身因素外，一些单位全面从严治党责任落实不力也是重要原因之一。一些单位党组织对单位权力运行中的廉政风险点掌握不清，对干部党性教育、廉洁教育提醒不够，不同程度地存在党的领导弱化、党的建设缺失、全面从严治党不力等问题。有的单位主要领导干部对落实管党治党"第一责任人"的认识不清、思路不明、措施不力，对干部作风问题视而不见；一些领导干部"一岗双责"的意识不牢，只管抓业务、不管抓队伍。一些地方推动责任落实的制度建设存在缺陷，工作考评机制不健全，权责划分不明确，尤其是考核导向过于功利，考核方法局限于以上考下，不能充分体现群众参与的广泛性和代表性。

追责不力心存侥幸。调研显示，一些形式主义、官僚主义仍然可以在各式各样的外衣下"隐身"进行，查处时缺乏具体可操作的判定标准，监督不能及时到位，追责更难跟上。一些地方和单位在监督内容上，对领导班子和领导干部在改革发展中制定决策、执行决策的方式和过程监督不到位；在监督渠道上，本系统本单位内部、同级之间、下级和群众对上级的监督不够有力。

# 多管齐下克服形式主义、官僚主义

把加强政治监督作为硬任务。十九届中央纪委三次全会公报指出，要"以党的政治建设为统领，坚决破除形式主义、官僚主义"。因此，各级纪委监委要紧紧围绕政治监督的职责要求，定位向政治监督聚焦，力量向政治监督倾斜。要自觉将习近平总书记关于整治形式主义、官僚主义的重要指示批示和中央纪委相关要求等，融入到学习培训及工作研究、部署、推进中，对标对表，及时校准偏差。在党内监督和国家监察"两个全覆盖"下，突出"关键少数"，强化对对牢"四个意识"、贯彻党章和其他党内法规以及执行党的路线方针政策和决议情况的监督，全面把握被监督地区和单位的政治生态情况，着力发现《工作意见》中明确的四个方面12类突出问题，严明政治纪律和政治规矩，督促党员领导干部把"两个维护"落实在实际行动上，切实加强党的政治建设。要发挥派驻监督、巡视巡察监督、基层纪检监察联络员的"探头""前哨"优势，通过列席或者召集会议、听取汇报、实地考察、走访座谈、查阅资料、情况通报等多种方式，协调联动把开展监督与净化政治生态相结合，强化政治属性，形成发现问题、纠正偏差的常态化机制。

把落实"两个责任"作为关键点。一是压实党委（党组）主体责任。各地区各部门党委（党组）要紧盯形式主义、官僚主义新动向新表现，拿出有效管用的整治措施。必须把整治形式主义、官僚主义纳入年度计划，制定责任清单，切实发挥领导班子的集体责任、主要负责人的第一责任和其他分管领导的"一岗双责"作用，定期研究、部署、检查、推动。二是各级纪检监察机关要履行对党委全面从严治党的协助职责，认真落实"推动主体责任、监督责任贯通协同、形成合力"的要求，厘清权力实际运行中的廉政风险点，有针对性地向党委（党组）提出贯彻落实的具体意见和方案，督促党委（党组）发挥提醒谈话、组织约谈、民主生活会等制度实效，用好纪委监委谈话函询、纪律检查建议书、监察建议书等措施，对有苗头性、倾向性的问题和落实工作不力的党员干部早提醒、早纠正。三是建立联系监督机制。由上级纪检监察机关分片包干、对口指导，形成一级压一级的责任体系，及时下沉一线检查、加强监督指导，着力发现联系地区存在的形式主义、官僚主义问题，建立问题动态清单，挂账督办。下级纪检监察机关要及时向上级报告工作情况，把整治形式主义、官僚主义纳入到主体责任和监督责任考核中，纳入年度综合考核中，建立和完善群众评议机制，压实"两个责任"。

把纠正"四风"问题作为持久项。要把刹住"四风"作为巩固党心民心的重要途径，做实做细监督职责。一是把日常监督与节点正风相结合，聚焦隐形变异"四风"问题，在日常监督、长期监督上探索创新、实现突破，提升从监督检查中发现问题线索的能力。二是突出重点领域开展监督，紧盯重大工程、重点领域、关键岗位，加大督查力度；针对群众身边的不正之风和腐败问题开展专项治理，坚决纠正和查处"有令不行、有禁不止、上有政策、下有对策""对群众疾苦漠然、弄虚作假"等问题。三是强化线索监督。一方面，对形式主义、官僚主义相关问题线索，特别是上级纪检监察机关、巡视巡察交办问题线索，重点督办；另一方面，规范问题线索办理，对办理流程和办理效果进行监督，提升办理质量。四是凝聚监督合力。在构建纪律监督、监察监督、派驻监督、巡视巡察监督"四个全覆盖"的权力监督格局基础上，把党内监督同国家机关监督、民主监督、司法监督、群众监督、舆论监督贯通起来，切实增强监督实效。五是严肃追责问责，对形式主义、官僚主义问题严格执行"一案双查"，始终保持整治高压态势，持续形成震慑，努力实现政治效果、纪法效果、社会效果最大化。

把开展纪律教育作为必修课。一是抓住深入开展"不忘初心、牢记使命"主题教育契机，在党校培训、网络学习、理论中心组学习、集体学习中，加入纪律教育；以形式主义、官僚主义为主题，通过多种教育形式和平台载体，定期以案说纪，以具体事例严明纪律规矩。二是开展机关作风专项整顿。持续深化作风建设，尤其是面向群众的窗口单位，要接受群众评价，定期将作风建设成果向社会公开。三是加大宣传曝光力度。发挥电视台、报纸、网站、微信公众号等媒体的阵地作用，一方面，充分对监督举报方式、各地整治工作进展情况等加以宣传；另一方面，加大对典型案例的曝光力度，发挥警示教育作用，持续释放越往后执纪越严的强烈信号。

# 三、坚持党风政风监督鲜明政治属性<sup>*</sup>

## ——关于深化新形势下党风政风监督工作的实践与思考

中共中央办公厅印发的《中国共产党纪律检查机关监督执纪工作规则》第十二条明确规定，党风政风监督部门应当加强对党风政风建设的综合协调，做好督促检查、通报曝光和综合分析等工作。

监督是纪检监察机关的第一职责和政治使命。国家监察体制改革后，市地级以上的纪检监察机关实行执纪监督与审查调查部门分设，执纪监督部门具体负责联系地区和部门的日常监督，与党风政风监督部门在监督职能上有交叉有重合。对此，各级纪检监察机关努力适应新形势下强化政治监督新要求、监督对象实现全覆盖新要求、纪检监察机关内设机构改革新要求，对党风政风监督工作的职责分工、运行机制等进行积极探索实践，取得了明显成效。

## 监察体制改革以来党风政风监督工作实践

树立"四个意识"，做到"两个维护"，突出党风政风监督工作的重点。一是以"两个维护"为根本，不断强化政治监督，持续加强对中央、省市重大决策部署贯彻落实情况的监督检查和专项督查，严肃问责有令不行、有禁不止的行为。二是积极探索政治生态的评估，通过优化责任制考核方法、开

---

\* 浙江省杭州市纪委监委调研课题组。

展执纪监督谈话、加强领导干部廉政档案动态管理、重点抽查、问卷调查等方式，深入分析各地各单位的政治生态状况。三是抓好"两个责任"特别是主体责任的落实，制定落实全面从严治党主体责任的相关意见，形成责任报告、评议、反馈、整改、督查、追责的闭合回路；把问责作为从严治党的利器，对在党的建设中失职失责的典型问题予以严肃问责，释放失责必问、问责必严的强烈信号。四是持续保持正风肃纪的强劲势头，紧盯关键节点，严肃整治隐形变异"四风"问题，不断加大对形式主义、官僚主义的整治力度。

厘清职责分工，强化工作衔接，积极探索加强党风政风监督工作的运行机制。一是明确由党风政风监督室承担执纪监督工作的牵头职能，重点履行好研究规划、统筹协调、分析研判、综合平衡等工作职能，充分发挥"决策的参谋部""部署的指挥所""执行的督查队"作用，以此推动党风政风监督各项任务的落实。二是不断优化内部沟通协调，建立党委机关执纪监督工作会商机制，由党风政风监督室起草季度执纪监督工作任务清单，经季度例会协商讨论后形成会议纪要予以明确，统筹好执纪监督、巡察监督、派驻监督三支力量，进一步增强监督合力。三是打通监察监督的"最后一公里"，积极先行先试，及时制定乡镇（街道）监察办公室片组协作、村（社）监察联络员管理等机制。

坚持系统谋划，推进"四抓四防"，不断完善党风政风监督工作的方式方法。一是抓责任、防失责。紧紧抓住领导干部这个"关键少数"和主体责任这个"牛鼻子"，围绕明责、担责、督责、追责等关键环节，健全完善相关工作机制，突出抓早抓小，严格责任追究。二是抓监督、防缺位。在构建纪律监督、监察监督、派驻监督、巡视巡察监督"四个全覆盖"的权力监督格局基础上，充分发挥市委市政府督查机制、职能部门专项监督以及群众监督、舆论监督的作用，不断提升监督针对性、实效性。三是抓平衡、防失衡。加强各地各单位党风政风监督工作动态监督，严格审查每一起案件，确保违纪违规问题查深查透、事实证据到位、定性量纪准确。四是抓长效、防反弹。对照关于作风建设的新精神新要求，及时完善相关制度规定，深入开展主题教育，持续加强纪律教育，引导党员干部树立良好道德风尚。

# 当前党风政风监督工作存在的问题

落实"两个责任"还需进一步压紧压实。从当前情况看，仍存在少数领导干部对"一岗双责"认识不足，对发现的苗头性、倾向性问题提醒教育不到位、督促整改不及时；个别党组织负责人存在老好人思想，面对管理范围内干部违纪问题不是严肃处理，而是出面说情；一些职能部门不能主动履行监管职能，存在拨一拨动一动、不推不动的情况。一些部门派驻纪检监察组也存在监督手段单一、主动性不强等问题。

查纠"四风"问题的方式方法有待创新。对于隐形变异的"四风"问题，目前常用的集中检查、专项整治等手段已经越来越难以发现，需要进一步通过信息化建设，充分整合相关职能部门的数据，利用大数据平台综合比对来精准监测。在形式主义、官僚主义问题的查处过程中，由于缺乏具体评判标准，甄别起来有一定困难，影响整治效果，需要在检查方法和标准上探索创新。

重点领域和重要岗位的监督力度还需加大。从近年来基层巡察和专项检查的情况看，村（社）与基层站所、部门二级单位和国有企业仍然是不正之风易发多发区域，尤其是工程建设、土地审批、城市管理、征地拆迁等领域的一些环节的运作程序不规范、权力不透明，职务犯罪案件仍然易发多发。同时，村级小微权力运行和农村党员干部的监管体系建设不够健全，措施不够有力，集体"三资"管理、帮扶惠民等领域腐败和作风问题时有发生。

党风政风监督部门履责机制还需完善。党风政风监督工作相关职能部门与执纪监督部门的职责边界划分还需进一步明晰，相关工作流程还需进一步优化，党风政风监督室与派驻机构、巡察机构的沟通联系还需要进一步增强。此外，区县（市）党风政风监督室如何在执纪监督部门未分设的情况下发挥牵头协调作用，如何在繁杂的基层工作中把握好"监督的再监督"定位，都需要进一步加强实践探索。

党风政风监督队伍的能力素质有待进一步提升。监察体制改革后，随着监督范围的扩大、职能的拓展和任务的加重，党风政风监督队伍经受的考验也更加严峻。而目前针对党风政风监督队伍的业务培训、工作交流相对较少，一些干部工作思路、工作方法缺乏创新，一些干部在监督过程中准确把握党的政策和策略，深化运用监督执纪"四种形态"的能力还有所欠缺。

# 进一步做好党风政风监督工作的思考

把准定位，精准聚焦党风政风监督的工作重点。一要着力强化政治监督。在党内监督和国家监察"两个全覆盖"下，重点突出"关键少数"，强化对践行"四个意识"、贯彻党章和其他党内法规以及执行党的路线方针政策和决议情况的监督，全面把握被监督地区和单位的政治生态情况，严明政治纪律和政治规矩，督促党员领导干部把"两个维护"落实在实际行动上。二要着力巩固落实中央八项规定精神成果。把查处党的十九大后仍顶风违反中央八项规定精神问题上升到维护政治纪律和政治规矩的高度来认识；密切关注"四风"问题隐形变异、改头换面等新动向；深化集中整治形式主义、官僚主义成果，严肃查处空泛表态、应景造势、敷衍塞责、出工不出力等问题。三要着力整治群众身边不正之风和腐败问题。扎实开展脱贫攻坚、民生领域资金管理等专项治理，严肃查处截留款物、贪污挪用、吃拿卡要、优亲厚友等问题；加大对涉黑涉恶腐败问题的查处力度，深挖彻查充当"保护伞"的党员干部和公职人员，切实维护群众利益。

综合施策，压紧压实全面从严治党"两个责任"。一要继续抓好主体责任落实，督促各级党委（党组）书记当好"施工队长"，用好用足"第一种形态"，加强对党员干部的教育管理监督。改进党风廉政建设责任制检查的方式方法，通过随机抽查、延伸抽查、实地检查等方式，从不同层面了解地方部门落实全面从严治党主体责任情况，发现薄弱环节和存在问题，推动党风政风监督工作延伸到基层、责任落实到基层。加大"一案双查"力度，强化对党的领导弱化、党的建设缺失、全面从严治党责任落实不到位等情况的问责。二要拓展延伸监督工作，强化监察职能，完善监督体系，着力构建纪律监督、监察监督、派驻监督、巡视巡察监督"四个全覆盖"的权力监督格局。

立足实践，不断完善党风政风监督的相关制度。一要完善工作运行机制。在明晰职责边界的基础上，加强党风政风监督部门与执纪监督部门的工作衔接，有序有效抓好地区部门日常监督、廉政风险排查、政治生态分析研判等工作。强化派驻机构的监察职能，进一步发挥"派"的权威、"驻"的优势。坚持常规巡察与专项巡察相结合，探索跨区域交叉巡察，做好巡察"后半篇文章"。探索实践乡镇（街道）监察办公室作用发挥机制。二要完善作风建设相关制度。对现有作风建设相关规定进行系统梳理，督促协调相关部门对基层反映较多的问题进行规范，对相关部门单位开展廉政风险排查防控，推进监督关口前移。

与时俱进，不断提升党风政风监督工作的信息化建设水平。一要建立完善"两个责任"落实考核系统，实现"两个责任"落实情况在线填报、自动汇总、综合分析和动态考核。二要完善党风政风日常监督系统，综合有关部门数据资源，对重点事项进行动态监控，对"三重一大"、党内监督相关事项进行申报备查，对领导干部和重点领域、重要岗位公职人员开展监督教育提醒。三要建设个人电子廉政档案管理系统，对党员领导干部廉政档案进行信息化、系统化、规范化管理，对党员干部执行党风廉政建设制度规定等情况进行动态管理、综合分析。四要探索建立政治生态状况分析评估系统，建立地区和部门政治生态资料库，对全面从严治党各方面情况量化评价，为政治生态"精准画像"。

# 四、以作风攻坚促进脱贫攻坚[*]

## ——关于为打赢脱贫攻坚战提供坚强纪律保障的调研

十九届中央纪委三次全会强调，持续整治群众身边腐败和作风问题，让人民群众有更多更直接更实在的获得感、幸福感、安全感。要深入推进扶贫领域腐败和作风问题专项治理，高度关注影响产业项目扶贫、对口帮扶以及扶贫工程推进等问题，以作风攻坚促进脱贫攻坚。加大督查督办、直查直办和通报曝光力度，对查结的问题线索进行抽查复核，对失职失责的从严问责。

2018年以来，贵州省各级纪检监察机关坚决贯彻落实党中央、中央纪委和省委脱贫攻坚重大决策部署要求，深入开展扶贫领域腐败和作风问题专项治理，为打赢脱贫攻坚战提供坚强有力的纪律保障。

## 做法和成效

紧盯关键环节，实施专项监察。2018年，按照"见人、见项目、见资金"三项要求，将农村公路项目建设、农村贫困人口大病专项救治和城乡医疗救助列为全省统一开展的专项监察项目，并对过去两年专项监察"回头看"工作作出安排。2019年，紧盯"两不愁三保障"中的突出问题，在全省开展易地扶贫搬迁和财政涉农补贴资金专项监察，着力发现在易地扶贫搬迁项目

---

[*] 贵州省纪委监委课题组。

中优亲厚友、套取骗取补助资金、违规享受政策、吃拿卡要、收取好处费等问题，严肃查处挤占挪用、贪污侵占、工作失职渎职等腐败问题。

突出常态走访，开展专项行动。以贫困县、贫困乡镇、贫困村、贫困户为重点，各级纪委监委班子成员包案走访、带案下访，变被动受理为主动出击，深挖问题线索，集中力量严肃查处敢向扶贫资金伸手的党员干部和欺压百姓的村霸、寨霸。如，遵义市在专项行动中，狠抓信访举报问题线索梳理、走访、督办三个环节，着力整治群众反映强烈的突出问题、重点信访件中的违纪问题、走访中发现并能及时解决的问题，取得良好效果。

聚焦扶贫领域，深化巡视巡察。始终把做到"两个维护"作为坚定不移深化政治巡视巡察的重中之重，突出"点、线、面"相结合，系统梳理巡视脱贫攻坚主要问题清单，全面拓展扶贫领域专项巡视巡察覆盖面。省委在高质量完成对 66 个贫困县以及与脱贫攻坚相关职能部门巡视巡察全覆盖的同时，市县两级对贫困乡镇、深度贫困村同步开展巡察，选取试点探索巡察延伸到村居，打通巡视巡察的"最后一公里"。

加强沟通协调，形成监督合力。建立与扶贫工作重点部门沟通协调机制，强化监督检查，及时掌握脱贫攻坚重点任务推进情况和存在的突出问题，增强扶贫领域监督执纪问责的针对性、有效性。督促各级扶贫主管部门和相关职能部门发挥专业优势、履行监管职责，及时研究解决落实、监督管理、制度执行等方面的突出问题，对因监管职责履行不到位导致扶贫工作不务实、脱贫过程不扎实、脱贫结果不真实以及资金、项目等方面发生严重问题的严肃追究责任。

持续高压震慑，强化执纪审查。一是贯通运用监督执纪"四种形态"。坚持"惩前毖后、治病救人"的方针，坚持纪严于法、纪在法前，强化日常监督、努力在"治未病"上积极作为，使监督更加聚焦、更加精准、更加有力。二是从严压实主体责任。紧盯地方党委、政府、职能部门履行主体责任不力，贯彻落实党中央、省委脱贫攻坚决策部署不坚决、不到位，弄虚作假、阳奉阴违等问题，进一步加大"一案双查"力度，严肃追究相关责任人的责任。

# 存在的问题

套取、挪用、收受财物等扶贫领域腐败问题仍然易发多发。脱贫工作是政治任务，是民生工程，但调研显示，有的基层党员干部顶风违纪问题依然突出。有的基层干部将扶贫资金项目作为"唐僧肉"，采取贪污侵占、虚报冒领、优亲厚友、吃拿卡要、截留挪用等多种方式违规违纪，严重损害了人民群众的切身利益，直接影响脱贫攻坚工作成效。这也暴露出基层纪检监察机关护航脱贫攻坚的工作不足，监管不力导致基层干部权力滥用，惩处不严导致不少干部存在侥幸心理。

扶贫工作重点部门履行主体监管责任不到位。一是思想认识有偏差。一些主管部门认为监督是纪检监察机关的事情，在日常工作中只注重项目建设和资金使用的安排部署，对后续项目的建设及资金使用去向缺乏监督。二是扶贫政策执行有偏差。一些主管职能部门对党委、政府的扶贫政策理解不透，执行有偏差，扶贫效果打折扣，在涉农项目、民生工程和民生资金落实方面存在违纪违规行为。

作风问题仍然是扶贫领域最为突出的问题。调研显示，当前扶贫领域形式主义、官僚主义问题依然突出。一些基层单位贯彻落实上级关于脱贫攻坚的安排部署不力，不作为慢作为；审核把关不严，情况不明、弄虚作假；做表面文章，搞政绩工程等问题不同程度地存在。

扶贫领域监督合力有待进一步增强。从实践来看，纪检监察机关"单打独斗"的现象在一些地方和部门依然存在。纪检监察机关的职责是推动党委、政府履行主体责任，督促扶贫等有关职能部门履行监管职责，要在坚决履行监督第一职责的同时，坚守"监督的再监督"定位，防止出现牵头"统筹"变一家"统包"，单兵突进、包打天下的错误倾向。调研发现，在扶贫项目立项、审批、资金拨付、验收等过程监督以及扶贫作风等方面的监督，大多仍停留在检查台账资料等简单的形式监督上，与相关部门统筹联动不够，未能形成有效合力。此外，脱贫攻坚监督工作与扫黑除恶专项斗争结合有待加强。

# 下一步建议

构建齐抓共管工作机制。充分运用好与省直部门建立的扶贫领域腐败和作风问题沟通协调机制，使相关职能部门发挥专业优势，切实履行监管职能，承担相应的监督责任。纪检监察机关的监督是对主责部门和责任人员履职情况的监督，是整治腐败和作风问题的监督，要找准职责定位，聚焦主责主业，发挥好"监督的再监督"作用，及时掌握脱贫攻坚存在的突出问题，督促各扶贫工作主管部门及时移送并高效处置在集中检查、督查调研、日常监督中发现的问题线索。

加大问题线索处置力度。一是提高发现和查处问题的能力。纪检监察机关查处的案件，大多是贪污贿赂问题，对不担当、不作为以及形式主义、官僚主义问题，由于定性难、取证难以及纪检监察干部自身专业能力不足等原因，查处力度和查处效果都有待提升。当前，各级纪检监察机关要着力发现和查处搞变通、打折扣、做选择，不作为、慢作为、乱作为，敷衍塞责、懒政怠政，数据造假、虚报瞒报，表态乱夸海口、工作不深不实等形式主义和官僚主义问题，确保脱贫攻坚相关政策落到实处。二是充分发挥信访举报作用，加强群众来信来电来访归口办理，对重要问题线索实行提级办理，严格实施审核把关制度，及时报告反馈调查核实情况。三是坚持把开展扫黑除恶专项斗争与服务保障打赢脱贫攻坚战有机结合，聚焦扶贫领域重点地区、重点行业和重点问题，对所有行使公权力的公职人员涉黑涉恶问题线索进行排查梳理，强化核查督办，坚决冲破"关系网"、打掉"保护伞"。建立扶贫领域中涉黑涉恶腐败问题线索与黑恶势力违法犯罪线索双向移送和查办结果反馈制度，对政法机关移送的问题线索优先处置、及时反馈。

强化问责倒逼责任落实。树立"尽职免责、失职追责"的鲜明导向，对脱贫攻坚中不履行或者不正确履行职责，造成不良后果，以及履行管党治党责任不力，导致分管范围内脱贫攻坚工作问题频发或者发生重大腐败案件的党组织和党员、国家公职人员，一律严肃追责问责；对应当发现而不能及时发现脱贫攻坚中的问题，发现后未处置未报告，监督执纪问责、监督调查处置失之于宽松软的纪检监察机关和纪检监察干部，一律严肃追责问责。

　　抓实审查的整改文章。在加大查处力度的同时，把查处问题与督促整改结合起来，注重从典型案例中发现重点领域、关键环节存在的普遍性问题，查找制度上的漏洞、监管上的盲点。定期对查处的落实脱贫攻坚决策部署不力、侵害群众利益不正之风等腐败问题、履行"两个责任"不力等方面的典型案例通报曝光，传递扶贫领域监督执纪问责全面从严并越往后越严的信号。加大"一案一整改"工作力度，对查处的扶贫领域腐败问题和不正之风，定期进行剖析，找原因、堵漏洞、建机制、压责任，充分发挥查办案件治本作用。

# 五、政治生态持续净化　党风政风明显好转<sup>*</sup>

　　党的十九大以来，湖北省坚决贯彻习近平总书记重要指示精神，全面落实党的十九大和中央纪委二次、三次全会精神，坚持标本兼治，堵疏结合，存量问题和增量问题一起查，"两个责任"贯通发力，促进了党内政治生态持续净化，带动了社风民风明显好转。

　　2017年11月至2019年4月，在监察对象由48万人增加到135万人的情况下，湖北省共查处违反中央八项规定精神问题5081件、处理7074人、给予党纪政务处分5774人。运用第一、第二种形态占比95.26%，第三种形态占比3.21%，第四种形态占比1.53%。追究直接责任占比79.39%，同步追究主体责任、监督责任、领导责任占比20.61%。调研显示，湖北省党内政治生态持续净化，总体呈现"五减一升"的态势。

## 党内政治生态持续净化　总体呈现"五减一升"态势

　　新增问题全面减少。在查处的问题中，发生在十九大后的新增问题占比30.11%，发生在之前的存量问题占比69.89%，与2017年查处新发生的问题数量相比，减少了23.89个百分点。其中，三类问题的新增数量下降最为明显，违规发放津贴补贴或福利新增问题占查处该项问题的15.6%，违规收送礼品礼金新增问题占查处该项问题的16.84%，违规公款吃喝新增问题

<sup>*</sup>　湖北省纪委监委党风政风监督室。

142

占查处该项问题的 24.76%，其他几项问题类别的新增问题占比也均有下降。党的十九大后，在新增问题全面减少的同时，湖北省各级纪检监察机关正风肃纪力度不减、尺度不松、标准不降，高压震慑态势继续保持并强化。

群众信访举报逐步减少。党的十九大以来，全省收到"四风"问题群众信访举报 7901 件，年均 5267 件，较 2017 年下降 20.38%。其中，涉及违规收送礼品礼金的举报下降 16.02%，涉及大办婚丧喜宴的举报下降 15%，涉及违规发放津贴补贴或福利的举报下降 37.14%，涉及违规公款旅游的举报下降 19.37%，涉及违规配备使用公车的举报下降 29.36%，涉及楼堂管所建设违规的举报下降 29.33%，涉及公款吃喝的举报下降 5.86%，其他问题的举报下降 26.06%。

明目张胆违纪违规大幅减少。在查处人员中，明目张胆、公开违纪违规的大幅减少，相当一部分违纪违规采取遮遮掩掩、东躲西藏的隐形变异方式。其中，四类问题最为突出，采取隐形变异方式公款旅游的占该项问题的比例达 71.34%，采取隐形变异方式违规公款吃喝的占 46.11%，采取隐形变异方式违规配备使用公务用车的占 42.37%，采取隐形变异方式违规发放津贴补贴或福利的占 42.32%，其他各类问题中的隐形变异都占一定的比例。

因主观故意受到从重处理人员明显减少。在受处理的人员中，因主观故意受到从重处理的占 7.18%。其中，公车私用的占 2.2%，违规发放津贴补贴或福利的占 4.4%，违规公款吃喝的占 3.81%。受处理人员因不知规定而违规的占 16.92%，从众附和的占 8.86%，不知悔改、对抗组织调查的仅占 0.94%，绝大多数干部经组织教育后均能主动认错整改。

部分问题明显减少。全省违规公款旅游增量问题 54 个，与 2016 年增量问题 98 个、2017 年增量问题 88 个相比，分别减少了 45%、38.7%，大部分县市的此类问题数为零。2016 年至今，全省违规公款出国旅游处理人数只有 3 人，且全部为党的十九大前的存量问题。全省因楼堂馆所违规处理的问题中，办公用房面积超标占 96.7%，且全部为存量问题。其中，因楼堂馆所建设违规处理的只有 4 人，大部分县市的此类问题数为零。

群众满意度、获得感明显提升。省纪委委托第三方民意调查数据显示，全省干部群众对党风廉政建设成效的满意率持续上升，2018 年满意率达

87.45%，比 2012 年上升 31.13 个百分点。从全省近期专门发放的 6306 份问卷调查情况看，群众对纪检监察机关很满意或比较满意的占比达 98.94%，群众在正风肃纪中获得感很强或较强的占比 87.48%。几乎所有受访对象都表示，近年来基层干部作风明显好转，大吃大喝、请客送礼等问题现在已经很难见到了。

# 开展党风政风监督的有效做法

重拳整治隐形变异。紧盯潜入地下公款吃喝等老问题，甄别查处隐形变异等新问题，研究新办法，采取新招数，先后组织开展项目建设指挥部、内部食堂、驻外工作机构、私车公养、空白公函接待等隐形变异问题专项检查。探索运用"大数据"核查、信息检索、微信举报、专项督查等方式，加强对电子礼品、微信红包等新问题的治理。针对财务报销违规问题，综合整治票据管理、报销管理、财务科目设置等方面存在的问题，从源头堵漏。

强力推进专项治理。建立重要节点"四风"问题报告和督办制度，第一时间调查处理媒体曝光问题，回应媒体关切。组织开展集中整治活动，将专项检查贯穿始终，集中开展公车私用、公款购买赠送节礼、财务票据违规、大操大办婚丧喜庆等专项检查，形成省、市、县、乡、村五级联动、层层抓落实的整体效应。

严肃执纪一寸不让。坚持言出纪随、动辄则咎，存量问题和增量问题一起查，"两个责任"和直接责任一起追，始终保持正风肃纪的疾风厉势。对发生顶风违纪行为或"四风"问题严重的地方和单位，强化"一案双查"，直接责任和领导责任同步追究，主体责任和监督责任同步追究。突出通报曝光的经常性和制度化，将综合通报和专项通报相结合、党内通报和社会公开曝光相结合，充分发挥教育、警示和震慑作用。

压紧压实"两个责任"。压实党委（党组）主体责任，把落实中央八项规定精神情况作为党委履行主体责任、述责述廉、民主生活会内容。压实纪检监察机关（机构）监督责任，针对"四风"问题连续两个月"零报告"的县（市、区）和省直部门，组织交叉检查和重点检查，压茬推进监督责任落实。紧盯薄弱地带，织密监督网络，着力整治高校、国企、金融机构、二级单位、农村基层单位等薄弱地带的"四风"问题，确保监督检查地带"无盲区"。

不断深化标本兼治。开展落实中央八项规定精神制度问题征集，督促职能部门对制度不细、模糊地方作出政策解释。制定实施新形势下监督中央八项规定精神落实的相关办法，要求党员干部必须坚决当面拒收和事后退还各类违规违纪礼品礼金，督促相关省直部门制定完善工资津贴补贴、评审费、加班补贴等系列制度，向省检察院发出关于空白接待公函问题的纪律建议书，不断扎紧制度笼子，推动标本兼治。

# 当前仍需警惕的几个方面

基层压力传导仍然存在薄弱环节。部分县乡基层、国企、高校压力传导存在弱化问题。

少数干部心存侥幸。少数干部知行不一、言行不一，平时把纪律规矩挂在口头上，但面对具体问题时还是心存侥幸、铤而走险。

隐形变异问题值得关注。少数干部挖空心思规避监督，采取隐形变异方式违规违纪，如通过"精致"走账违规公款吃喝、通过快递或微信红包违规收送礼品礼金、通过套取燃油费"私车公养"、通过虚设办公桌整改办公用房超标等。

相关制度规定有待进一步完善。工作中还存在一些制度不配套、不细化、与实际情况不相符合的地方。如关于干部奖励、加班费规定较严，值班费、伙食补贴、误餐补助等规定不明确，影响了执行效果。

# 六、高压态势不断强化　党风政风向善向好 *

党的十九大以来到今年6月底，江西省锲而不舍落实中央八项规定精神，以抓铁有痕、踏石留印的劲头狠抓"四风"问题，查处违反中央八项规定精神问题6885起、处理9673人、给予党纪政务处分4363人，查处惩治的力度不减，"四风"问题总体得到遏制，党风政风持续向善向好的信号不断传递。

## 违纪问题发生量总体减少　奢靡享乐歪风有效遏制

自中央八项规定出台至2019年6月，江西省共查处违反中央八项规定精神问题13504起，其中，违纪行为发生在2013年的2484起，占18.4%；发生在2014年的3049起，占22.6%；发生在2015年的1631起，占12.1%；发生在2016年的1890起，占14%；发生在2017年的2402起，占17.8%；发生在2018年的1865起，占13.8%；发生在2019年前半年的183起，占1.3%。"四风"问题发生数量呈总体减少态势，特别是党的十九大以来，"四风"问题得到进一步遏制。

## 查处力度进一步加大　高压震慑态势继续保持并强化

2018年，全省共查处违反中央八项规定精神问题3951起，处理党员

---

\* 江西省纪委监委党风政风监督室。

干部 5684 人，给予党纪政务处分 2474 人，三项数据分别比上一年度增长 48%、51.6% 和 24.8%。2019 年上半年查处问题数量继续保持了增长势头，查处问题 1948 起、处理 2668 人、处分 1342 人，同比分别增长 13.7%、5.5%、21.2%。反映出党的十九大以来，全省各级纪检监察机关正风肃纪力度不减、尺度不松、标准不降，用铁面、铁规、铁腕体现越往后执纪越严的要求。

## 存量问题明显减少　增量问题有效遏制

数据显示，党的十九大以来查处违反中央八项规定精神的问题中，新增问题大幅减少，大部分是存量问题。其中，2018 年查处问题 3951 起，发生在 2018 年以前的存量问题 2745 起，占比 69.5%；2019 年上半年查处问题 1948 起，发生在 2019 年以前的存量问题 1765 起，占比 90.6%。这反映出持续的高压态势震慑作用明显，有效遏制了"四风"问题的增量发生。

## 严查易发多发问题　发现隐形变异问题能力不断提高

数据显示，在查处的 6885 起问题中，问题较多的类型为：违规发放津贴补贴或福利 1595 起，占比 23.2%；违规配备使用公车 1304 起，占比 18.9%；违规收送礼品礼金 1268 起，占比 18.4%；违规公款吃喝 1219 起，占比 17.7%。以上 4 类问题占查处问题总数的 78.2%，这反映出全省各级纪检监察机关创新运用税控发票平台、加油卡电子信息等"大数据"手段，筛查深挖公款送礼、公款吃喝、违规发放福利、私车公养等问题的做法成效明显，发现隐形变异问题的能力不断提高。

## 贯通运用"四种形态" 监督执纪更趋精准

党的十九大以来，全省查处违反中央八项规定精神的党员干部9673人，运用"第一种形态"处理5279人，占比54.6%；运用"第二种形态"处理3848人，占比39.8%；运用"第三种形态"处理546人，占比5.6%。反映出对违反中央八项规定精神问题的处理，综合考虑问题性质、情节轻重、时间节点、本人态度等因素，深化运用"四种形态"，对一般性问题早提醒、早发现，咬耳扯袖、红脸出汗；对不收敛、不收手、顶风违纪问题，从严查处、动辄则咎。

## "一案双查"成为常态 倒逼作风建设责任落实

2018年，全省对708起违反中央八项规定精神的典型问题进行"一案双查"，296个党组织、704名领导干部因履行作风建设主体责任、监督责任不力受到责任追究，问责问题数、党组织数、领导干部数分别是2017年的1.98倍、2.87倍、2.41倍。这反映出党的十九大以来，全省各级纪检监察机关紧盯不收手不收敛行为，严格落实"一案双查"，既严肃查处违纪人员，又倒查主体责任和监督责任，进一步推动了作风建设责任层层落实。

## 制度建设取得新成效 制度笼子越扎越牢

党的十九大以来，全省针对调研排查出的落实中央八项规定精神配套制度不明确、不具体、不适应、不完善、难以操作等问题，从津贴补贴福利、婚丧嫁娶、"一桌餐"等11个方面梳理出46项问题清单、105个问题表现，推动省直有关职能部门答疑解惑、补充细化、修订调整、出台规定，一个问题一个问题解决。从总体看，制度建设正在强力推进，制度体系日趋完善。

# 信访举报总量上升　反映违反中央八项规定
# 精神问题持续下降

2018 年，全省纪检监察机关接收信访举报 69505 件（次），比上一年度增长 49.9%。其中，反映违反中央八项规定精神问题 3634 件（次），比上一年度下降近 3%。违反中央八项规定精神问题信访举报占全部信访举报件的比例，从 2017 年的 8.1% 下降到 2018 年的 5.2%。同时，2018 年度全省查处违反中央八项规定精神问题比 2017 年度增长达 48%。这反映出，虽然在群众眼皮底下明目张胆搞"四风"的少了，但查处力度没有因信访举报数量的减少而变小，反而不断加大，且查处更加精准有力。落实中央八项规定精神，必须坚持纪律监督、监察监督、派驻监督、巡视巡察监督"四个监督全覆盖"，进而推动与群众监督、媒体监督、相关部门监督不断融合促进，形成监督整体合力。

## 当前落实中央八项规定精神值得关注的问题

基层干部违纪占比居高不下的问题。数据显示，党的十九大以来在全省处理的 9673 人中，厅局级 4 人，县处级 357 人，乡科级及以下 9312 人。其中，乡科级及以下干部的占比达到 96.3%。这反映出压实责任、传导压力还需加力，"四风"问题主要发生在基层的格局没有改变。

易发多发的"四风"问题。调研发现，正风肃纪高压态势之下，违规发放津贴补贴或福利问题仍然多发，这反映出一些单位习惯于依靠物质激励手段来推动工作。公车改革后，"公车私用"的问题有所收敛，但少数党员干部"不坐公车加公家油"，全省"私车公养"问题查处数量 601 起，占违规配备使用公车问题总数的 32.4%。

通过隐形变异方式规避监督的问题。当前，"四风"问题出现一些新的动向、新的苗头。比如，少数"一桌餐"场所，为规避"一桌餐"有关"不对外公开营业""专供特定人群"的特征，在申领餐饮营业执照后继续面向特定对象提供餐饮、娱乐活动。又比如，少数党员干部"不吃公款吃老板"，依然违规接受管理服务对象宴请，此类行为发生在 2018 年度的有 114 起，占所有违规吃喝问题的 20.8%。

相关制度规定不明确不细化不便于执行的问题。落实中央八项规定精神中，在相关配套制度层面还存在不明确、不具体、不完善等短板，在相当程度上不利于基层贯彻执行和纪检监察机关精准执纪。

"四风"反弹回潮隐患犹存的问题。党的十九大后，"四风"增量问题得到有效遏制，但仍有少数党员干部不知止、不收敛、不收手，顶风违纪，反映出"四风"问题具有顽固性、反复性，稍有放松势必反弹，防止反弹回潮任务艰巨，作风建设永远在路上。

# 七、始终保持正风肃纪高压态势 *

党的十八大以来，四川省坚持严字当头、步步深入、标本兼治，正风肃纪取得明显成效。各级党组织和广大党员干部自觉提高政治觉悟和政治站位，全面贯彻落实中央八项规定精神，党风政风焕然一新，政治生态发生可喜变化。四川省党风廉政建设社会评价指数逐年上升，由 2012 年的 82.99 上升至 2018 年的 86.02。其中，"落实中央八项规定精神，推进作风转变成效"指数上升到 89.06。

## 成效篇：党的十八大以来，查处问题数量逐年增加，越往后执纪越严的导向鲜明

2013—2018 年，四川省查处违反中央八项规定精神问题 7298 起、处理 9437 人、给予党纪政务处分 7809 人，查处的问题数、处理人数、给予党纪政务处分人数均呈逐年大幅度增长态势。2014 年，全省查处问题数、处理人数、给予党纪政务处分人数分别同比增长 117.3%、169.2%、235.9%；2015 年，分别同比增长 33.9%、28.1%、51.5%；2016 年，分别同比增长 33.9%、27.9%、26.6%；2017 年，分别同比增长 88.5%、103.6%、84.2%；2018 年，分别同比增长 37.8%、43.7%、35.7%。

2013—2018 年，当年发生的违反中央八项规定精神问题数分别为

---

* 四川省纪委监委党风政风监督室。

1588 起、1157 起、1380 起、1383 起、1274 起、516 起，总体呈现下降趋势。

### 党的十九大以来，查处力度不断加大，始终保持高压态势

党的十九大以来，截至 2019 年 6 月，四川省查处违反中央八项规定精神问题 4015 起、处理 5352 人、给予党纪政务处分 4153 人，分别为党的十八大以来查处总数的 48.7%、50.1%、47.9%，20 个月的总量相当于之前 60 个月的总量。其中，党的十九大之后新发生的问题明显减少，只占查处问题数的 25.1%。

分析总结：从四川省查处违反中央八项规定精神问题力度不断加大和新增问题数有效控制这"一升一降"的数据可以看出，当前"四风"问题存量得到有力削减、增量得到有效遏制。四川省的实践，从局部印证了党中央关于"反腐败斗争取得压倒性胜利"的总体判断。

## 问题篇：老问题表现不尽相同，反弹回潮隐忧犹存

截至 2019 年 6 月，在党的十九大召开之后的 20 个月中，四川省查处违反中央八项规定精神问题按类型分布的情况为：违规收送礼品礼金 1394 起，占 34.7%；违规发放津贴补贴或福利 1116 起，占 27.8%；违规大办婚丧喜庆 496 起，占 12.4%；违规公款吃喝 457 起，占 11.4%；违规配备使用公务用车 301 起，占 7.5%；公款国内旅游 229 起，占 5.7%；楼堂馆所违规问题 12 起，占 0.3%；公款出国（境）旅游 10 起，占 0.2%。

选取党的十九大召开前 20 个月的数据进行对比分析，在查处问题总量大幅增加的情况下，公款出国（境）旅游、楼堂馆所违规等 2 类问题基本稳定，总量保持在较低水平；违规大办婚丧喜庆问题虽然达到一定数量，但同比呈负增长态势；公款国内旅游、违规配备使用公务用车等 2 类问题同比小幅增加；违规公款吃喝、违规发放津贴补贴或福利、违规收送礼品礼金等 3 类问题不仅数量较多，而且增幅较大。

值得关注的是，发生在党的十九大后的 1008 起新发性增量问题中，违规收送礼品礼金 301 起，占比 29.9%；违规大办婚丧喜庆 294 起，占比 29.2%；违规发放津贴补贴或福利 177 起，占比 17.6%；违规配备使用公务用车 145 起，占比 14.4%；违规公款吃喝 65 起，占比 6.5%。这 5 类问题占增量问题总数的 97.6%，同时占查处总量的 93.8%，表明"四风"反弹回潮势能不容忽视。

### 隐形变异苗头显现，老问题新表象不容忽视

党的十九大以来，四川省查处违反中央八项规定精神的其他类问题（主要包括提供或接受超标准接待、接受或用公款参与高消费娱乐健身活动、违规出入私人会所等）294 起、处理 449 人、给予党纪政务处分 300 人。其中，增量问题 94 起，占该类问题总数的 31.9%。

查看此类问题主要案情，涉及管理服务对象的情况较为突出，共查处 115 起、处理 229 人、给予党纪政务处分 167 人，分别占该类问题总数的 39.1%、51%、55.7%。尤其需要注意的是，涉及管理服务对象的增量问题有 57 起，占该类问题增量总数的 60.6%，增长势头较为明显。

具体到个案，有的接受管理服务对象宴请，有的接受管理服务对象安排的高消费娱乐健身活动，有的接受管理服务对象安排的旅游活动，有的让管理服务对象支付个人费用，有的接受管理服务对象的"赞助费"用于账外支出，手段翻新，可谓花样百出。同时，违规发放津贴补贴或福利、违规公款吃喝、公款旅游、违规配备使用公车问题隐形变异趋势显现，需要高度警惕。

这些现象再次表明，当前纠治"四风"、化风成俗的思想基础还不牢固。比如，个别党员干部在高压态势下不敢明火执仗，公款不能吃、不能用，就想着法子、变着花样吃"老板"、用"老板"。

分析总结：事实证明，作风问题具有顽固性和反复性。从以上数据分析可以看出，享乐奢靡老问题的病灶未倒、病根仍在，一些党员干部"不想""不愿"腐败的内在自觉尚未真正形成，反弹回潮的隐患依然存在。四川省的情况，再次印证了党中央关于"反腐败斗争形势依然严峻复杂"的判

断是科学的、精准的。

# 目标篇：保持政治定力，重整行装再出发

在加强教育上着力，继续加压明责，保持工作态势。结合"不忘初心、牢记使命"主题教育，督促党员干部特别是领导干部学深悟透习近平新时代中国特色社会主义思想，进一步提高政治站位、保持政治定力，筑牢坚定不移纠"四风"的思想根基。对违反中央八项规定精神突出问题和形式主义、官僚主义突出问题加大专项治理和监督检查力度，推动党风、政风、社会风气持续好转。

在解决问题上着力，坚持重拳猛击，防止反弹回潮。紧盯无视中央八项规定精神、潜入地下公款吃喝等老问题，注意发现和纠正形式主义、官僚主义问题。紧盯作风方面新动向新表现，既抓避开节点"错峰收礼"、微信红包收送礼金、公车油卡私车加油等隐形变异问题，又抓文山会海、过度留痕、问责泛化等增加基层干部负担的突出问题，以具体问题的突破，带动面上问题的解决，坚决防止不正之风反弹回潮。

在监督执纪上着力，敢于较真碰硬，持续传导压力。坚持常态化督查机制，构建"纪律监督＋舆论监督＋群众监督"的监督网络。严格责任追究，对"四风"问题反弹回潮的地区和单位党委、纪委进行"双问责"，使失责必问、问责必严成为常态。改进规范通报曝光方式，对违纪行为发生在党的十九大后，受到党纪政务处分的党员干部，一律点名道姓通报曝光，形成案例效应、强化行为震慑。

在执行落实上着力，推进制度落地，形成刚性约束。强化制度执行，组织省级层面正风肃纪集中督查，对市（州）、省直部门、省属国企、省属高校等贯彻落实中央八项规定精神情况进行抽查，发现问题、督促整改。督促有关职能部门结合实际，对照上位法规完善配套制度，形成科学、严密、有效的制度体系。

在分析研判上着力，做到底清数明，使出管用招数。按照工作要求，将

查处形式主义、官僚主义问题情况纳入违反中央八项规定精神问题月报，做实分析研判基础数据采集工作。坚持定期梳理、通报，不断释放深化作风建设的强烈信号；对带有普遍性、共性的问题，有针对性地开展专项整治；对工作不力的地区和单位，采取约谈、督办等方式，加强督促指导，倒逼责任落实。

# 八、保持政治定力  深入推进作风建设 *

党的十九六以来，新疆维吾尔自治区各级纪检监察机关坚决贯彻习近平总书记关于深化作风建设的重要指示批示精神，把加强作风建设作为增强"四个意识"、坚定"四个自信"、做到"两个维护"的具体体现。2017 年 11 月至 2019 年 6 月，共查处违反中央八项规定精神问题 2543 件、处理党员干部 2858 人、给予党纪政务处分 2123 人，有力促进了干部作风持续好转。

## 党风政风阶段性成效明显

问题总量全面减少。从查处问题数量情况看，2017 年全区共查处违反中央八项规定精神问题 2522 件，2018 年查处 1539 件，同比下降 38.98%；2019 年上半年查处 521 件，比 2018 年上半年下降 21.18%，比 2017 年上半年下降 55.92%。从违纪行为发生时间看，党的十九大以来查处的 2543 件问题中，违纪行为发生在 2017 年 11 月之前的 1887 件，占查处总数的 74.2%；发生在 2017 年 11 月之后的 656 件，占查处总数的 25.8%。存量问题有所减少，增量问题得到遏制，说明在正风肃纪的持续高压态势下，"不敢"的氛围初步形成，面上享乐奢靡的突出问题得到有效遏制，落实中央八项规定精神的成效日益巩固。

群众反映强烈的突出问题持续得到有效遏制。与 2017 年 1 月至 2018 年

---

*　新疆维吾尔自治区纪委监委党风政风监督室。

6月相比，2018年1月至2019年6月查处的公款出国（境）旅游、违规配备使用公务用车、楼堂馆所违规、其他（主要是接受管理服务对象宴请和超标准接待）、公款国内旅游、违规公款吃喝、违规收送礼品礼金等问题均呈现明显下降的态势。其中，公款出国（境）旅游连续3年得到有效遏制，大办婚丧喜庆事宜略有下降，违规发放津贴补贴或福利问题虽略有上升，但总体情况得到有效控制。

发现隐形变异"四风"问题的能力不断提高。各级纪检监察机关日常监督的精准度明显提高，监督发现问题的能力显著增强。2017年11月至2019年6月，全区共查处隐形变异"四风"问题561件，占查处问题总量的22.1%。其中：私车公养或用公车加油卡搭车购物158件，巧立名目发放津贴补贴136件，打着学习考察名义或绕道公款旅游120件，躲进内部食堂或农家乐等隐蔽之处公款吃喝29件，以亲属名义、多批次大操大办婚丧喜庆12件，办公用房虚假整改8件。

监督执纪更趋精准。2858名受到处理的党员干部中，受到诫勉谈话、提醒谈话、批评教育等"第一种形态"处理795人，占被处理人数的27.82%；受到党纪政务轻处分等"第二种形态"处理1318人，占被处理人数的46.12%；受到撤销党内职务、留党察看、政务撤职等"第三种形态"处理745人，占被处理人数的26.06%。从党纪政务处分比例看，受到党纪政务处分的人数占比高达72.18%，体现了敢管敢严、真管真严、越往后执纪越严的要求。透过数据可以看出，各级纪检监察机关把监督执纪"四种形态"体现在作风建设全过程，"第一种形态"和"第二种形态"处理方式成为大多数，咬耳扯袖、红脸出汗已成常态。

集中整治形式主义、官僚主义成效明显。各级纪检监察机关坚持党中央决策部署到哪里、监督检查就跟进到哪里，坚决整治在贯彻落实党中央重大决策部署中的形式主义、官僚主义问题，着力纠治困扰基层的形式主义、官僚主义问题，严肃查处在人民群众利益上不维护、不作为等问题。2018年1月至2019年6月，全区查处形式主义、官僚主义问题7949件、处理党员干部8316人、给予党纪政务处分5589人。其中：查处贯彻落实党中央重大决策部署方面的形式主义、官僚主义问题2399件；查处联系服务群众方面的形式主义、官僚主义问题 550 件；查处履行职责、服务经济社会发展方面的形式主义、官僚主义问题 4886 件；查处学风会风文风及检查调研方面的形式主义、官僚主义问题 114 件。

# 当前仍然存在的突出问题

少数党员干部不收敛不收手，顶风违纪。从今年上半年查处情况看，违纪问题持续 2 年的 76 件、持续 3 年的 73 件、持续 4 年的 36 件、持续 5 年的 18 件、持续 6 年的 19 件、从 2013 年持续违纪到 2019 年的 2 件。持续时间 2 年及以上的累计 224 件，占违纪问题总数的 39.02%。

违规收送礼品礼金、违规发放津贴补贴或福利、违规使用公车等问题依然突出。今年上半年，共查处违规收送礼品礼金问题 183 件、违规发放津贴补贴或福利问题 122 件、违规配备使用公务用车问题 75 件，合计占查处问题总数的 66.2%，连续 2 年查处数量占比较高，反映出"四风"问题具有顽固性、反复性，享乐奢靡的老问题病根仍在。

隐形变异问题不断出现。一些党员干部慑于高压态势，想方设法规避中央八项规定精神，挖空心思变换形式手段、转移嫁接费用，加大了发现和查处难度。今年上半年共查处隐形变异"四风"问题 113 件，占查处问题总量的 21.69%。有的公车私用不方便，就利用公车加油卡"私车公养"。如，乌鲁木齐市乌鲁木齐县畜牧兽医站原副站长马坚在 2017 年 1 月至 2018 年 9 月，利用职务便利使用单位油卡为私家车加油 196 次。有的借考察培训之机旅游或绕道公款旅游。如，阿克陶县皮拉勒乡恰尔巴格村小学党支部原书记、原校长努斯热提·海比布，在 2018 年 10 月带领该校 5 名老师前往江西省余干县开展"手拉手"活动期间，绕道武汉、厦门鼓浪屿、吐鲁番等地旅游。有的巧立名目发福利，套取资金或将不合规收入设立小金库，打着体恤关心干部职工的幌子发放福利。如，2015 年 7 月至 2018 年 7 月，伊犁州霍城县水定镇示范幼儿园原园长黄江丽套取专项经费用于发放职工福利及其他支出。

# 标本兼治纠"四风"树新风

强化约谈提醒，健全压力传导机制。一是党委领导同志带头谈。定期召开地州市党委书记抓基层党建及全面从严治党主体责任述职述责电视电话会议，自治区党委主要负责同志就履行好全面从严治党主体责任提出明确具体要求。二是建章立制规范谈。制定党委（党组）运用监督执纪"第一种形态"实施办法，明确适用情形、处置方式、审批程序，督促各级党委（党组）常态化运用提醒谈话、履责约谈、批评教育、限期整改、责令检查、召开民主生活会批评帮助、通报批评、诫勉谈话等方式，加强对管辖范围内党员干部的日常教育管理监督，推动履行全面从严治党主体责任具体化。三是发现问题及时谈。对落实中央八项规定精神力度不大、巡视反馈问题整改不力、惩治涉黑涉恶腐败和"保护伞"工作相对滞后、扫黑除恶专项斗争主体责任落实不到位，以及行业乱象比较突出的相关单位党委（党组）和纪检监察机构主要负责同志进行约谈，督促各级党组织和纪检监察机关把加强作风建设的主体责任和监督责任一贯到底。

强化督导检查，健全问题发现机制。一是深化群众工作督导，深入一线找问题。广泛开展群众工作督导，采用不定路线、不要陪同、不打招呼、不听汇报、直奔基层、随机入户的方式，发现和掌握问题线索。二是坚持节点监督和常态监督相结合，上下联动找问题。把落实中央八项规定精神、纠正"四风"情况作为信访监督、日常监督检查、巡视巡察监督的重要内容，推进监督检查常态化。创新监督方式，调取税务、公安、审计等资料，通过大数据研判发现问题线索。针对易发多发、隐形变异问题，通过专项检查、"点穴"检查、随机抽查、"回头看"等方式，切实增强监督检查质效。

强化正风肃纪，健全以查促改机制。一是严查违纪行为。把违反中央八项规定精神问题列入执纪审查重点，对顶风违纪者"当头棒喝"，对新动向新表现"露头就打"，对执纪审查发现的"四风"问题深挖细查。二是严肃追责问责。把刚性问责作为落实中央八项规定精神的重要保障，严格落实"一案双查"，对不履行或履行责任不到位，致使管辖范围内"四风"问题突出的领导班子和领导干部进行严肃问责，倒逼责任落实。

强化警示教育，健全以案促改机制。一是持续通报曝光。坚持重要节点集中曝光、共性问题及时曝光、典型问题深度曝光，为党员干部拧紧发条、敲响警钟。二是深化以案促改。督促各级党组织充分运用"四风"典型案件，常态化开展以案促改，着力查找监督管理方面的漏洞和盲点。三是健全完善制度规定。出台开会发文、调查研究、公务接待、公务用车、办公用房、公务差旅、津贴补贴发放等落实中央八项规定精神系列配套制度，制定一批禁止性规定，列出负面清单，进一步完善制度体系。

# 九、准确把握规律特点　持续发力纠治"四风" *

党的十九大以来，黑龙江省委坚持把加强作风建设作为全面从严治党的重要抓手，把整治"四风"作为巩固党心民心的重要途径，省纪委监委把督查中央八项规定精神落实作为重要政治任务，对享乐主义、奢靡之风方面的问题严肃查处，对新动向新表现露头就打，深入开展形式主义、官僚主义专项整治，推动作风建设取得新进展、新成效。

## 巩固深化取得成效

### 严肃执纪：释放越往后越严强烈信号

保持查处高压态势。2018 年，全省共查处违反中央八项规定精神问题 3738 起、处理 4703 人、给予党纪政务处分 3444 人，同比分别增长 38.4%、38.7%、54.6%。2019 年上半年，共查处问题 1675 起、处理 2007 人、给予党纪政务处分 1568 人，同比分别增长 13.2%、3.1%、17.1%，给予党纪政务处分人数占处理人数的比例为 78.1%，比去年同期提高 9.4 个百分点。全省因违反中央八项规定精神问题被追究主体责任、监督责任的领导干部 295 人，同比增长 7.7%。上半年，共查处形式主义、官僚主义问题 1627 起、处理 2061 人、给予党纪政务处分 1905 人，已超过去年全年查处总数。查处问题数、处理人数、给予党纪政务处分人数、问责人数呈增长态势，一方面表明整

---

＊　黑龙江省纪委监委党风政风监督室。

治力度持续加大，越往后执纪越严；另一方面也说明反弹回潮隐患犹存，必须保持高度警惕。

享乐奢靡之风呈下降趋势。从违纪行为发生时间看，党的十八大以来，全省共查处违反中央八项规定精神问题 15829 起，发生在 2013 年的占 34.8%，发生在 2014 年的占 15.5%，发生在 2015 年的占 12.1%，发生在 2016 年的占 12.8%，发生在 2017 年的占 14.5%，发生在 2018 年的占 9.1%，发生在 2019 年的占 1.2%。今年上半年，全省查处新增问题 184 起，占查处问题总数的 11%，比 2018 年同期下降 13.3 个百分点，比 2017 年同期下降 22.8 个百分点。数据表明，享乐主义、奢靡之风方面的问题总体呈下降趋势，党员干部的纪律规矩意识明显增强。

监督执纪更加精准有效。从监督方式上看，在坚持节前提醒、察访、畅通举报渠道等已有成功做法的基础上，更加注重运用税控发票系统、公务用车 GPS 定位、交警车辆管控平台等信息化手段，精准发现、查处隐形变异问题能力不断提升。从运用"四种形态"看，红脸出汗成为常态，前两种形态的处理方式成为大多数。2019 年上半年全省处理 2007 人，其中，运用诫勉谈话等"第一种形态"处理 439 人，占处理人数的 21.9%；运用党内警告、党内严重警告、政务警告、政务记过等"第二种形态"处理 1508 人，占处理人数的 75.1%；运用撤销党内职务、留党察看、政务撤职等"第三种形态"处理 60 人，占处理人数的 3%。

群众满意度进一步提升。从信访举报看，全省纪检监察机关受理反映违反中央八项规定精神问题举报占信访总量的比例呈逐年下降态势，2016 年为 5.6%、2017 年为 4.9%、2018 年为 4%。2019 年上半年，全省反映违反中央八项规定精神问题举报 1724 件，占信访举报总量的 4.1%。从群众评价看，在政治生态建设成效考核中的社会公众问卷调查显示，涉及"落实中央八项规定精神情况"的相关得分连续 2 年均有提高。

## 抓住重点：由惩治向善治发展深化

党的十九大以来，全省紧盯群众关注和反映突出的"四方面问题"，坚持以上率下、紧盯重要节点、严格执纪问责、持续通报曝光、畅通监督渠道、扎紧制度笼子，加大整治力度，落实中央八项规定精神的针对性、实效性有效提高。

整治"春节收礼"。从查办案件分析，领导干部最常见的违纪问题是春节收礼。对此，每年春节前，省委领导与市（地）和省直部门主要领导开展廉政谈话，年前提醒、年后问效，严禁收受礼金，发现顶风违纪者一律从严查办，并专门下发典型案件通报，春节收礼风气基本得到遏制。

整治"借婚丧喜庆敛财"。针对违规大操大办易发多发问题，既从严查处，告诉党员干部什么不行，又划定界限，告诉党员干部什么可行。省纪委下发《关于规范省管领导干部操办婚丧喜庆事宜的通知》，在哈尔滨、佳木斯试点的基础上，从市区、县、村镇三个层次，明确具体标准。通过管住人数、管住钱数，引导全社会形成移风易俗、勤俭节约的良好风气。

整治"公款饮酒"。黑龙江省发生过原副省级领导干部喝酒致人死亡案件，教训十分深刻。为解决"酒文化"根深蒂固、饮酒无度陋习难改的问题，省委印发《关于进一步明确公务接待相关要求的通知》，通过"最严禁酒令"有效根治公款饮酒问题。

整治"天价烟"。针对"天价烟"的反弹回潮问题，省纪委组织哈尔滨市纪委联合有关部门，以部分中心城区为重点，围绕查实弄清高档香烟"谁卖的""谁买的""谁抽的"等问题，对城区香烟销售网点进行排查，严肃处理个别党员干部或公职人员违规收受高档香烟、烟草公司公职人员截留或为他人购烟说情打招呼等问题。同时，结合名贵特产类特殊资源谋利问题整治，加大对相关违纪问题查处力度，督促有关部门落实行业监管责任，严肃查处利用专营权谋取私利等行为。

# 把脉新问题新特点

## 梳理剖析：紧盯现阶段五类突出问题

2019年上半年，全省查处的1675起问题中，违规收送礼品礼金、违规公款吃喝、违规发放津贴补贴或福利、大办婚丧喜庆事宜、违规配备使用公务用车等5类问题共1474起，占查处问题总数的88%。

违规收送礼品礼金。上半年共查处该项问题386起，占查处问题总数的23%，其中发生在党的十九大之后的占47.7%。从发生时间看，逢年过节仍是收送礼品礼金的高发期。从表现形式看，主要是收受下属或管理服务对象赠送的现金、烟酒、购物卡、土特产品等。此外，通过电子红包、微信转账收礼问题呈增长趋势，上半年共查处42起，占该类问题总数的10.9%。从违纪主体看，一是实权岗位干部。逢年过节没有具体请托事项的"打点"较为普遍；个别干部以权谋私，大肆收受管理服务对象礼品礼金。二是村社干部。主要是利用申报低保、发放各类补贴等要人情、收好处。三是窗口服务单位干部。一些企业或群众为了办理事项方便快捷，或者为了打政策擦边球，向窗口单位人员赠送礼品礼金。

违规公款吃喝。上半年全省共查处该项问题362起，占查处问题总数的21.6%，其中发生在党的十九大之后的占47.7%。案例显示，随着监督执纪力度不断加大，用公款直接报销吃喝费用的少了，多是想方设法"变相平账"，且发现此类问题的难度越来越大。有的党政机关和企事业单位，以办公用品、燃油费、维修费等名义核销餐费；有的乡镇街道和村级组织以人工费、工程费、物料费等名义虚列开支报销餐费，或套取粮食补贴、占地补偿、退耕补贴等核销吃喝费用。具体表现形式主要有三种：一是以庆祝节日为名违规吃喝，二是躲进食堂、招待所等隐蔽性较强的内部场所违规吃喝，三是借会议、活动之机违规吃喝。

违规发放津贴补贴或福利。上半年全省共查处该项问题358起，占查处问题总数的21.4%，其中发生在党的十九大之后的占18%。从违纪主体看，发生在乡镇基层站所、村级组织的占37%，交通、民政等职能部门的占34%，中小学校、医院等企事业单位的占29%，违纪人员大多为单位一把手或班子成员、财务人员。

大办婚丧喜庆事宜。上半年全省共查处该项问题187起，占查处问题总数的11.2%，其中发生在党的十九大之后的占85%，这表明移风易俗仍任重道远。调研显示，绝大多数省市两级机关干部能够严格执行婚丧喜庆事宜报告制度，大操大办问题基本绝迹；县乡机关干部和企事业单位干部大操大办问题普遍减少，但化整为零、分批分次办等问题不容忽视；农村社会人情氛围较为浓厚，村级干部顶风违纪现象时有发生。案例显示，为了规避检查，有的干部以亲属名义操办，退居幕后行收礼之实；有的委托中间人帮忙代办，面上不办、私下收礼。

违规配备使用公务用车。上半年全省共查处该项问题181起，占查处问题总数的10.8%，其中发生在党的十九大之后的占82%。从调研情况看，超标准配备公务用车等问题已基本解决，但一些基层站所和企事业单位公务用车管理松散，不按规定封存停放、开公车办私事、用公务油卡为私车加油、向下属单位或管理服务对象借车私用等问题依然严重。

### 持续发力：推动纠正向纠治转变

紧紧围绕化风成俗、密切联系群众的目标，不断提升监督执纪问责的精准度，推动纠正"四风"向纠治"四风"转变。

压实"两个责任"。加强政治监督，督促各级党组织和领导干部把落实中央八项规定精神作为重大政治任务，深入检视、整改本地区本部门存在的突出问题，防止产生"疲劳综合征"。对落实主体责任不力的，综合运用纪检监察建议、谈话约谈、开展巡视监督等方式推动整改。对顶风违纪问题，坚持"一案双查"，既要严肃查处违纪人员，又要倒查主体责任和监督责任。

做实日常监督。拓宽监督渠道，用好来电来信、网络、微信公众号等"四风"举报平台，强化群众监督。加大察访、交叉检查力度，加强对单位食堂、培训中心、招待所等内部场所、驻外机构和县乡基层、国有企事业单位等薄弱环节的监督检查，运用"大数据"等信息化手段精准发现问题线索。把落实中央八项规定精神情况纳入巡视巡察，形成上下联动"一盘棋"。

严格执纪问责。把查处违反中央八项规定精神问题作为审查调查重点，对"四风"问题线索优先处置，将形式主义、官僚主义问题在调查报告、审理报告和处分决定"违反中央八项规定精神问题"部分予以单列，形成明确工作导向。坚持越往后执纪越严，贯通运用"四种形态"，既要及时抓早抓小，又要严肃查处顶风违纪问题；精准把握政策，精准定性量纪，防止简单化、一刀切。

精准施策纠治。健全制度规范，推动标本兼治。研究出台相关规定规范礼尚往来行为，督促财政、人社、机关事务管理等部门出台或完善招商引资接待、公务接待、异地交流任职干部探亲福利待遇、职工福利等具体方面的制度规定，提出针对性、操作性强的政策举措，加强制度规范和机制约束。

# 十、紧盯新形势新变化层层压实政治责任 *

党的十九大以来，广西各级纪检监察机关始终牢记初心使命，增强"四个意识"、坚定"四个自信"、做到"两个维护"，把落实中央八项规定精神，整治形式主义、官僚主义，以问责层层压实管党治党政治责任作为重大政治任务，持之以恒正风肃纪。

## 落实中央八项规定精神方面

### 新形势新变化

减存量遏增量，持续释放越往后执纪越严的强烈信号。党的十八大以来，全区共查处当年新发生的违反中央八项规定精神问题7125起，其中，2013年新发生问题占33.2%，2014年新发生问题占18.6%，2015年新发生问题占16.3%，2016年新发生问题占16%，2017年新发生问题占10.6%，2018年新发生问题占5%，2019年1—10月新发生问题占0.3%，逐年下降的趋势明显。在有效遏制增量的同时，各级纪检监察机关严肃查处违反中央八项规定精神问题，有力削减存量。2018年，共查处违反中央八项规定精神问题1898起、处理2879人、给予党纪政务处分2767人，同2017年相比分别增长9.9%、12.5%、29.5%。2019年1—10月，共查处"四风"问题

* 广西壮族自治区纪委监委党风政风监督室。

3210起、处理4351人、给予党纪政务处分3317人。

深化标本兼治，扎紧扎牢制度笼子。把制度建设贯穿于纠治"四风"全过程，针对发现的问题查找漏洞，与时俱进完善制度机制。对违反中央八项规定精神突出问题进行专项整治，全面系统梳理自治区层面出台的有关贯彻落实中央八项规定精神的制度规定，聚焦不明确、不具体、不适应、不完善、难以操作等问题，推动有关职能部门补充细化、修订调整、出台新规，着力打造形成科学、严密、有效的制度体系。

面上"四风"有效遏制，但隐形变异行为有所抬头，反弹回潮隐患犹存。党的十九大以来查处的3489件问题中，违规发放津贴补贴或福利占40.8%；违规配备使用公务用车占20.2%；违规收送礼品礼金占18.7%；违规公款吃喝占7.3%；公款国内旅游占3.7%；大办婚丧喜庆占3.3%；楼堂馆所违规问题占0.9%；公款出国（境）旅游占0.3%；其他问题占4.8%。数据反映出反腐高压态势之下，一些党员干部不收敛不收手，想方设法规避中央八项规定精神，挖空心思变换形式手段，部分问题仍然易发多发。

## 着力方向

持续发力精准纠治"四风"突出问题。聚焦违规公款吃喝、违规收送礼品礼金、违规发放津贴补贴或福利等共性问题，督促各级各部门各单位开展集中整治，持续保持高压态势。对不吃公款吃老板、收送电子红包、私车公养、分批异地操办酒席等隐形变异问题，坚持重拳出击、深挖细查，持续发力、精准发力。

坚持压紧纠治"四风"政治责任。加强对各级各部门落实中央八项规定精神情况的政治监督，督促各级党委（党组）把落实中央八项规定精神作为重要政治任务，带头转变作风，形成"头雁效应"。加强对党员干部日常监督管理，定期开展教育提醒、组织督查、通报曝光典型案例，结合主题教育强化警示教育，以案为鉴、以案促改，对发生顶风违纪行为或"四风"问题严重的地方和单位，坚持"一案双查"，倒查主体责任和监督责任。

扎紧扎牢制度笼子。在做实做细监督、严格执纪问责的同时，统筹推进制度制定与执行，督促各级各部门对制度建设情况开展"回头看"，认真检视制度上的模糊地带、监管盲区和执行漏洞，针对突出问题、共性问题、反复出现的问题加强分析研判、调查研究，推动有关部门和单位列出负面清单，不断完善制度，防止同类问题反复发生。

# 查处形式主义、官僚主义问题情况

## 新形势新变化

贯彻落实决策部署更加坚决有力。把整治形式主义、官僚主义作为加强政治建设的一项重要内容，在开展巡视巡察、政治建设专项监督、扶贫领域腐败和作风问题专项治理、环保督察问责等工作中，突出对贯彻落实习近平总书记重要讲话和批示精神以及党中央重大决策部署不坚决不到位等突出问题的监督检查，确保党中央政令畅通、政策落地见效。

困扰基层干部的突出问题得到有效治理。围绕在基层减负工作中加强监督执纪问责的相关要求，坚决查处党性不纯和政绩观错位、文山会海、督查检查考核过多过频、过度留痕等突出问题，切实为基层松绑减负、激发活力。同时，改进完善问责方式，加强对容错纠错的适用指导，为担当者担当、为改革者鼓劲。

群众的痛点难点焦点问题进一步解决。持续深入整治扶贫、教育、医疗、环保、食品药品安全、统计造假等领域的形式主义、官僚主义问题，切实解决对群众利益漠然处之、空头承诺、推诿扯皮、办事不公、与民争利等突出问题。

党员干部实干担当意识显著增强。抓住各级党组织主要负责人这个"关键少数"，督促推动各级领导机关和领导干部带头落实主体责任。推动各级纪检监察机关抓住重点领域、关键岗位的典型案件开展以案促改，巩固深化作风建设成果。2019 年 1—10 月，查处履行职责、服务经济社会发展不担当不作为不负责问题 1019 件，与 2018 年同期相比，此类问题占比下降 20.2%。

几类占比较高的突出问题不容忽视。党的十九大以来，在查处的 5785

件问题中，不担当不作为不负责问题占 60.3%，弄虚作假问题占 4.7%，贯彻中央决策部署打折扣搞变通问题占 4.3%，乱决策乱拍板乱作为问题占 2.5%，漠视群众利益和疾苦问题占 1%，落实中央精神缺乏实际行动问题占 0.9%，服务态度差办事效率低问题占 0.4%，搞"政绩工程""形象工程"问题占 0.2%，学风文风会风差问题占 0.2%，其他形式主义、官僚主义问题占 25.5%。这说明不担当不作为，欺上瞒下、弄虚作假，表态多调门高、行动少落实差，胡乱决策拍板，服务群众敷衍塞责等问题仍然比较突出，整治仍需持续加码发力。

### 着力方向

压实主体责任。推动各级党委（党组）把整治形式主义、官僚主义作为政治责任，在工作谋划、工作落实全过程切实发挥主体作用。发挥各级党组织运用"第一种形态"的主责作用，抓好党员干部日常监管教育，做到监督常在、形成常态，推动各级领导干部把自己摆进去，带头查摆解决形式主义、官僚主义问题，发挥示范引领作用。

强化惩处问责。拓展群众监督渠道，严肃查办问题线索，特别是对严重影响党的路线方针政策和中央重大决策部署贯彻落实、群众反映强烈的问题和案件线索，坚决严肃查处。对形式主义、官僚主义易发多发，造成不良后果和不良影响的地区和单位，严肃追责问责，加大通报曝光力度。

完善制度机制。坚持标本兼治、破立并举，督促推动各级党组织深入剖析形式主义、官僚主义突出问题产生的原因、特点、类型，建立健全日常监督体系，针对体制机制方面的漏洞和薄弱环节，科学研判、精准施策、修订完善。

## 开展党风政风问责情况

### 新形势新变化

问责力度持续加大，失责必问、问责必严成为常态，各级党员领导干部有权必有责、有责要担当、失责必追究的意识显著增强。党的十九大以来，共问责党员领导干部 2518 人，问责党组织 152 个。问责人数是 2016 年、2017 年两年总数的 3.8 倍，问责党组织数是 2016 年、2017 年两年总数的 4.9 倍。

问责政治性更加突出，推动党中央重大决策部署落实落细。党的十九大以来，以党的政治建设统领问责工作，聚焦"两个维护"，围绕贯彻落实党的十九大精神，严肃政治纪律和政治规矩，加强对贯彻新发展理念、打好三大攻坚战、保障改善民生等决策部署推进不力的问责，以严肃问责推动党中央重大决策部署和自治区党委工作要求落实落地。

问责对象更加明确，管党治党主体责任和监督责任不断夯实。严格依照党内问责条例规定，紧盯各级党委（党组）、党的工作部门及其领导成员，把主要负责人作为问责重点，不断夯实管党治党政治责任。党的十九大以来，在全区问责党员领导干部 2518 人中，问责不同层级一把手 614 人，占被问责总人数的 24.4%；严肃问责监督责任缺失问题，问责纪委书记、纪检组长 54 人，占被问责纪检干部总数的 94.7%。

问责效果更加明显，充分体现严管和厚爱结合、激励和约束并重。强化通报曝光，督促问责对象在民主生活会上对照检查，深入剖析问题根源，督促问题整改；针对问责工作中发现的风险点，向有关部门发出纪检监察建议书，督促查漏补缺、以案促改，推进标本兼治。贯通使用党内问责条例与党纪处分条例，把握运用监督执纪"四种形态"，区别不同情况，既不放过有问题的党员干部，也不耽误被容错的党员干部，确保应问尽问，防止乱问错问。

几类问题逐渐凸显。一是问责泛化、简单化问题。一些地方混淆直接责任与领导责任、集体责任与个体责任的界限，出现只追究直接责任不问责领导责任、以集体责任掩盖个体责任、以个体责任代替集体责任等问题。有的地方针对工作措施不力、工作责任不落实等问题问责较多，对其背后存在的党的领导弱化、党的建设缺失、全面从严治党不力问题问责较少；有的对出现问题"一问了之"，立足解决现实问题及时跟踪回访、关心帮助被问责干部、推动工作整改和事业发展较少。二是基层问责偏轻偏软问题。有的地方党组织和领导干部担当精神不强，不敢、不愿动真碰硬，不敢问责从严，担心问责多了影响形象、影响发展、影响绩效，出现上宽下严、追下不追上的现象；有的不会问责，主动从巡视巡察、政治监督等途径开展问责的很少，开展"一案双查"和深挖细查的较少。

## 着力方向

突出问责政治属性。对贯彻落实党的十九大精神不力，发生妄议中央大政方针，对党不忠诚、不老实，破坏党内政治生态，以及对党的路线方针政策表态多调门高、行动少落实差，阻碍党中央大政方针贯彻落实、群众反映强烈、造成严重后果等问题严肃问责，督促各级党组织和党员领导干部在政治立场、政治方向、政治原则、政治道路上同党中央保持一致。

突出问责工作重点。厘清管党治党政治问责和行政问责、法律问责的区别，突出问责对象重点，紧盯各级党委（党组）和"关键少数"，严格区分和界定责任，切实增强问责效果，推动失责必问、问责必严成为常态。

聚焦问责重点领域。紧盯落实中央八项规定精神和整治"四风"不力、贯彻党中央脱贫攻坚决策部署不坚决不到位、选人用人问题突出、腐败问题严重、不作为乱作为，以及在扫黑除恶专项斗争中工作推动不力、群众反映强烈、问题长期得不到解决和对"保护伞"惩治不力等突出问题，严肃问责。

持续加大问责力度。在"实"上下功夫，依规依纪、实事求是开展问责工作，防止问责处理畸轻畸重。在"准"上下功夫，问责分清主次，防止以对单位的问责代替对人的问责，防止以对下级单位的问责代替对上级单位的问责。在"严"上下功夫，既追究当事人责任，又追究主体责任、监督责任，造成严重后果的要再上查一级，追究领导责任和党组织责任。

注重问责效果显现。充分运用监督执纪"四种形态"，把握好政治效果、纪法效果和社会效果的有机统一。做好问责典型案例通报曝光，对采取组织调整或者组织处理、纪律处分方式问责的，原则上都向社会公开或党内通报。认真筛选案例，切实发挥通报曝光的教育警示作用，并通过以案明纪加强通报曝光的指导作用。

# 十一、更严更细落实中央八项规定精神<sup>*</sup>

2019 年，河南省各级纪检监察机关深入贯彻落实党的十九大精神，紧紧围绕十九届中央纪委三次全会工作部署，按照中央纪委《关于贯彻习近平总书记重要批示精神　深入落实中央八项规定精神的工作意见》的要求，坚持问题导向解决党风问题，聚焦落实中央八项规定及其实施细则精神方面的突出问题，一个节点一个节点盯住，对顶风违纪从严查处，对典型案例通报曝光，一刻不松、寸步不让、持之以恒，作风建设取得了新的明显成效。

## 坚持问题导向强化监督力度

坚持日常监督与集中检查相结合，节奏不变力度不减。一是日常监督全面查。结合"不忘初心、牢记使命"主题教育，开展专项整治，省纪委监委先后分 3 个批次，组成 35 个检查组，对全省 18 个省辖市和省直单位落实中央八项规定精神情况开展检查，做到全覆盖、无遗漏。二是关键节点重点查。紧盯重大节日，各级纪检监察机关坚持节前教育提醒，节中采取交叉互查、推磨检查、随机抽查等方式保持监督检查高压态势，节后对发现的问题线索集中处理、统一问责、公开曝光。三是突出问题集中查。在整治领导干部利用名贵特产、特殊资源谋私利的问题上，立足河南地域特点形成名贵特产类特殊资源清单，深入各地全面摸排违规购买高档烟酒、礼品等名贵特产

---

* 河南省纪委监委党风政风监督室。

类物资的问题线索。省辖市以下纪检监察机关开展监督检查1313次，发现问题线索177条，全部建立台账，逐条逐项认真核查。督促指导"天价烟"集中整治工作，全省共查摆整改各类问题166个，处理221人，其中给予党纪政务处分75人，退缴违纪资金383.17万元。

坚持常规手段与技术手段相结合，运用大数据提升精准度。在开展常规监督检查的同时，积极采用技术手段，充分运用大数据，扩展监督检查的途径和方法。法定节假日期间，利用有关部门车管系统、道路视频监控系统等大数据平台，对上路行驶公务用车信息进行全面分析筛查；收集整理单位公务加油卡使用数据，深入实地开展信息比对，查实"私车公养、公车私用"等违规问题；利用税务部门发票管理系统，查处机关事业单位和国有企业涉嫌公款吃喝、公款大额购买酒水等问题，有效提升了发现线索、查纠问题的精准度、可靠性。

坚持查享乐主义、奢靡之风与查形式主义、官僚主义相结合，两手抓两手硬。聚焦做到"两个维护"，按照"党中央重大决策部署到哪里，监督检查就跟进到哪里"的要求，强化政治监督，围绕三大攻坚战、围绕重点领域、围绕基层减负年，深挖彻查形式主义、官僚主义突出问题。协助省委出台《关于领导干部带头解决形式主义突出问题为基层减负的五条措施》，制定文件"十不发"、会议"八不开"、督查检查考核"十不得"负面清单。各级纪检监察机关对表态多调门高、行动少落实差，阻碍中央重大决策部署贯彻落实、人民群众反映强烈、造成严重后果的问题，坚决查处，形成震慑。截至11月底，全省查处形式主义、官僚主义问题2607件，处理4746人，其中给予党纪政务处分3616人。

坚持直查直办与督促指导相结合，上下联动形成合力。秉持越往后执纪越严的工作理念，在性质严重、影响较大的违纪违规问题上，省纪委监委以自办案件强化震慑效应，以领办案件督促和指导各级纪检监察机关积极履行主责主业职能。同时，建立落实中央八项规定精神"月检查、季分析"工作制度，每季度开展工作情况分析，通报各地各单位监督查处工作开展情况，对查处问题数、通报曝光数"双零"的县（区）督导检查、约谈提醒，进一步压实各级纪检监察机关监督责任。

# 党风政风监督成效明显

严肃查处力度持续保持，正风肃纪取得实效。截至 11 月底，全省各级纪检监察机关共查处违反中央八项规定精神问题 2594 起、处理 3684 人、给予党纪政务处分 2864 人，与去年同期相比，分别下降 4.9%、5%、8.1%。共分 944 期，对 1962 起 2806 人（次）违反中央八项规定精神典型问题公开通报曝光。

"头雁效应"进一步显现，"关键少数"作用有力发挥。各级纪检监察机关紧盯"关键少数"，督促各级领导干部进一步身体力行、以上率下，带头转变作风，形成"头雁效应"。2019 年，全省共查处地厅级领导干部违反中央八项规定精神问题 16 人，其中担任一把手的 12 人；查处县处级领导干部 157 人，其中担任一把手的 43 人。

违纪问题增量进一步遏制，作风建设总体持续向好。从违纪行为发生的时间看，全省今年以来查处的 2594 起问题中，违纪行为发生在 2019 年的增量问题 569 起、占比 21.9%，与 2018 的同期查处违纪行为发生在当年的增量问题 863 起、占 31.6% 相比，违纪问题增量和占比均呈下降态势，且降幅明显。数据表明，监督落实中央八项规定精神取得显著成效，全省面上作风建设总体向上向好。

监督执纪问责更加精准，第一、第二种形态运用成为常态。河南省纪委监委坚持"三个区分开来"原则，精准运用监督执纪"四种形态"，把好监督执纪问责尺度，建立容错纠错机制，激励领导干部担当作为、干事创业。截至 11 月份，在全省查处违反中央八项规定精神问题 3883 人（次）中，运用"第一种形态"处理 797 人（次），运用"第二种形态"处理 2625 人（次），运用"第三种形态"处理 461 人（次），占比分别是 20.5%、67.6%、11.9%。

# 三方面问题不容忽视

政治站位上还有偏差。个别地区和部门对党中央持之以恒抓作风建设的决心和恒心认识不够，"两个责任"压得还不够实，日常监督管理做得不够严；一些党员干部"松口气、歇歇脚"的思想有所抬头，对纠正"四风"问题表态多调门高、行动少落实差，有的甚至升级翻版、变着法子搞"四风"。

标本兼治上还有短板。对违反中央八项规定精神问题就事论事抓得多，从政治思想上查找"病源"、从监督管理上剖析"病因"、从制度机制上根治"病灶"不够，导致一些问题一边严肃查处、一边增量较多，成为久治不愈的顽疾。

创新探索上还需加强。一些地方对"四风"隐形变异隐藏深、变异快、发现难的问题，主动出击想办法、出实招不够，缺少管用招数。全年查处的问题中，变通吃喝开支另立账目报销、婚丧嫁娶只收礼不请客、巧立名目违规发放津贴补贴等隐形变异动向明显。一些地方对集中整治形式主义、官僚主义，心存畏难情绪，感到取证、定性、处理无从下手。查处通报的类型和数量较少，教育警醒震慑作用还不够有力。

## 严肃履行党风政风监督责任

强化政治担当，营造越来越严的氛围。压紧压实"两个责任"，督促各级领导干部带头改作风、树新风，切实履行抓作风建设的政治责任。持续加大监督检查力度，巩固深化落实"月检查、季分析"制度，把日常监督落实中央八项规定精神与形式主义、官僚主义集中整治结合起来，与脱贫攻坚、民生领域腐败和作风问题专项治理结合起来，与扫黑除恶专项斗争结合起来，不定时间、不打招呼、直插一线，保持监督常在、惩处常在、问责常在的高压态势。

创新方式方法，严查隐形变异问题。进一步拓展发现问题渠道，创新实践"多部门联动、科技化取证、大数据比对"等措施，查发票、查账目、调视频、调数据，深挖彻查披着"隐身衣"的"四风"问题。进一步畅通监督举报平台，开通"四风"问题手机举报平台，借助群众监督力量压缩"四风"问题滋生空间。进一步加强探索实践，聚焦本地区本部门"四风"隐形变异问题动向，开展驻点式、点穴式监督检查整治，研究制定应对"四风"问题隐藏深、变异快、发现难的方法路子，不断提高精准发现、精准查处"四风"隐形变异问题的能力。

加强源头治理，破解长期多发难题。深入调查研究，把本地区本部门存量与增量连年居高不下的问题类型找准、原因分析透，采取立项攻关的方式，集中力量，集中时间，专项查处、优先通报。督促财政、审计、机关事务管理等职能部门，围绕反复出现的开会发文、津贴补贴、公务接待等方面共性问题和突出问题，完善细化规定，列出正面和负面清单，逐项规范，逐步形成科学、严密、有效的制度体系。

科学统筹协调，发挥齐抓共管合力。建立健全配套制度，充分发挥各级党风政风监督部门对党风政风建设的综合协调职能，不断加大"四风"问题的线索排查力度、监督检查力度、追责问责力度。各级监督检查部门、派驻监督机构要加强对联系地区或单位"四风"问题的分析研判、监督检查力度，要灵活运用直查直办、跟踪督办等方式，上下联动，同向发力，不断汇聚纠正"四风"的合力，推动形成作风建设齐心管、共同抓的良好局面。

# 第五部分
# 一体推进不敢腐、不能腐、不想腐

# 一、坚持精确惩治 减存量遏增量 *
## ——对贵阳市近年来查处违纪违法案件的调查分析

习近平总书记在十九届中央纪委三次全会上强调，坚决惩治腐败，巩固发展压倒性胜利。要坚持靶向治疗、精确惩治，聚焦党的十八大以来着力查处的重点对象，紧盯事关发展全局和国家安全的重大工程、重点领域、关键岗位，加大金融领域反腐力度，对存在腐败问题的，发现一起坚决查处一起。要深化标本兼治，夯实治本基础，一体推进不敢腐、不能腐、不想腐。

近期，贵州省贵阳市纪委监委成立调研组，专题调研近三年来该市立案查处的违纪违法案件，力求在准确分析发案特点和成因的基础上，提出进一步有力削减存量、有效遏制增量，巩固发展反腐败斗争压倒性胜利的对策建议。

## 违纪违法案件呈现出的特点

系统性腐败和作风问题易发。调研发现，近三年来贵州省贵阳市各级纪检监察机关立案查处违纪违法案件较为集中在教育、公安、卫生、工商、国企、财政相关部门，问题均集中在重点人员、重点岗位、重点领域。其中，立案查处教育系统243人，违纪违法行为表现为利用职务便利在学校基建和

---

\* 贵州省贵阳市纪委监委调研组。

物资采购领域谋取私利、滥发津贴等；公安系统 222 人，违纪违法行为表现为滥用职权，收受管理、服务对象贿赂等；卫生系统 184 人，违纪违法行为表现为染指公共卫生经费、基药补助等专项资金，以及医疗器械和药品采购中的利益输送等；工商系统 140 人，违纪违法行为表现为利用职权弄虚作假，套取国家财政补助资金和微企补助资金；国企系统 116 人，违纪违法行为表现为违反中央八项规定精神，侵吞、违规处置国有资产，违规领取报酬等；财政系统 75 人，违纪违法行为表现为违反财经纪律，伙同他人虚构财务资料、虚列支出套取私分国家资金，利用职务影响收受贿赂等。

民生领域腐败多发。调研显示，近三年来，全市民生监督、扶贫领域立案 5321 件，占立案总数的 75.8%。其中，2018 年立案 1324 件，给予党纪政务处分 946 人，涉案金额 4024.42 万元。调研发现，一些基层党员干部宗旨意识淡薄、利己主义倾向重，漠视群众疾苦、与民争利，雁过拔毛，挖空心思虚报冒领、克扣甚至侵占惠农专项资金、扶贫资金的问题屡见不鲜，优亲厚友、贪污截流、私分挪用、吃拿卡要等损害群众利益的问题突出。

"三类人员"占比较大。调研显示，近三年来立案查处县处级干部违纪违法问题 111 人，其中一把手 36 人，占比 32.4%。立案查处国有企业违纪违法人员 116 人，其中管理人员 88 人，占比 75.8%。基层干部违纪违法问题占比较大，立案查处科级及以下干部且涉案金额在百万元以上的案件有 105 人；查处农村党员干部违纪违法案件 2456 件，占立案总数的 45.7%，涉及村"两委"负责人的有 833 件，占比 33.9%。

政治问题和经济问题交织凸显。调研显示，在案件中，有的党员干部集政治蜕变、经济腐败、生活腐化于一身，权钱交易、权色交易、权权交易交织在一起；有的漠视政治纪律、无视组织原则，对党不忠诚、不老实，有问题不及时报告，在审查调查期间对抗组织调查；有的听到"风声"就想方设法打探消息、编造虚假事实、对抗组织审查。调研发现，立案查处的县处级干部中，同时存在违纪行为又有违法行为或者两种以上违纪行为的，占查处人数的 45%。

# 违纪违法案件的原因探析

宗旨意识方面。有的党员干部理想信念动摇，政治素养严重不足；有的党员干部不思进取、得过且过，漠视群众、脱离实际，大搞形式主义、官僚主义，甚至弄虚作假、铺张浪费、贪图享受、阳奉阴违、独断专行、以权谋私。有的单位领导不履行"一岗双责"或履行不到位；权力分配不清，权力运行不明，暗箱操作现象频繁；违反民主集中制，独断专行或软弱涣散，失职渎职、不作为或滥用职权问题突出。有的党员干部不能正确处理个人利益与国家利益的关系，个人利益至上、私欲膨胀，置纪律和法律于不顾，搞以权谋私、损公肥私，为不法分子获取非法利益提供庇护。

制度规范方面。一是权力运行不够规范，缺乏制衡机制。调研显示，特别是在国企领域，有的在内部管理和建章立制上工作滞后，在防止国有资产流失和利益输送问题上缺乏有效的措施。一些单位虽然制定了不少措施，也建立了严密的绩效考核制度，但仅停留在纸上，没有落实到工作中。二是因工作流程设计不完善，缺乏相互制约机制，可能造成在岗人员不履行或不正确履行职责，不作为、慢作为、乱作为，最终导致失职渎职、以权谋私。

主体责任方面。有的党组织和领导干部把经济建设和全面从严治党割裂开来，对管党治党不上心、不用心。有的只抓权力，不抓监督，选拔任用干部时当仁不让，监督管理干部却放任自流。更有甚者，有的党委书记对歪风邪气不抵制、不斗争，一味遮丑护短，甚至为违纪违法者说情开脱。通过对一些领域的专项巡察发现，党委未履行主体责任，违规接待、公款旅游、私车公养、兼职取酬、滥发津贴补贴、公款购买高档酒及香烟等问题仍然大量存在。

# 推进精确惩治、以案促改的建议

加强政治建设。一要把政治建设摆在首位，坚定自觉地用习近平新时代中国特色社会主义思想武装头脑、指导实践、推动工作，筑牢信念之基，补足精神之钙，把稳思想之舵。二要扎实开展"不忘初心、牢记使命"主题教育，深入推进政治学习常态化制度化，教育引导党员干部进一步树牢"四个意识"，坚定"四个自信"，坚决做到"两个维护"。三要教育引导广大党员干部树立廉政风险意识，正确认识岗位廉政风险的客观存在性与现实危害性，对苗头性问题及早发现、及早提醒、及早纠正。

强化监督职责。把监督挺在前面，着力构建"四个全覆盖"的权力监督格局。一要加强纪律监督。严明政治纪律和政治规矩，强化政治担当，扎实做好日常监督，督促各级党组织、党员干部认真落实监督责任，主动、严肃、具体地履行日常监督职责，切实做到监督常在、形成常态。重视对干部经常性"体检"，贯通运用监督执纪"四种形态"，注重在"第一种形态"上下功夫。二要加强监察监督。推进监察工作向乡镇延伸，确保对所有行使公权力的公职人员监察全覆盖。紧盯重点领域、重要节点、关键少数，重点整治形式主义、官僚主义突出问题。三要加强巡察监督。坚持发现问题和整改落实并重，把巡察监督与净化政治生态、整治群众反映强烈的问题、解决监督检查中发现的突出问题相结合，不断拓展巡察上下联动的空间、领域和方式。四要加强派驻监督。以制度建设为抓手，建立健全派驻机构与执纪监督部门、巡察机构之间的力量调配、协作配合、工作融合等制度，不断提高派驻监督的针对性和有效性。加强对派驻干部的教育培训、管理监督和考核评价，不断提高派驻监督全覆盖质量。

压实"两个责任"。一要完善地方党委常委包片联系政治生态制度，压紧压实区（市、县）党委、部门党委（党组）责任，强化一把手既要挂帅又要出征，强化班子成员要履行好分管范围内的管党治党责任，以强有力的问责唤醒责任担当。二要在选好用好干部、纠正损害群众利益行为、从源头上防治腐败、支持执纪执法机关工作、党委主要负责同志当好廉洁从政表率等方面认真履行党委主体责任。三要着力整治党员领导干部对问题视而不见、当"甩手掌柜"、处理问题避重就轻的问题。聚焦不担当、不作为、乱作为问题，把问责工作与正风肃纪、审查调查、巡察监督有机结合起来，与干部约谈、民主监督融会贯通起来。对发生重大腐败案件和不正之风长期滋生蔓延的地方、部门和单位，实行"一案双查"，让失责必问、问责必严成为常态。四要坚持惩前毖后、治病救人的原则。坚持一案一总结，推动各级各部门促进权力公开透明运行，补齐制度短板；深化以案为鉴、以案促改，从正反两方面典型中汲取经验教训，筑牢思想防线，堵塞监管漏洞。

抓好风险防控。一要全面清理、分项梳理各部门的各类职权，结合监督平台数据分析，进一步明确权责边界，重点查找岗位职责风险、业务流程风险、制度机制风险、外部环境风险等，找出权力行使过程中容易诱发廉政风险的薄弱环节，逐项制定防控措施，推动廉政风险防控制度化、常态化。二要结合整体推进纪检监察系统信息化建设规划，完善信息平台建设，促进监督工作平台化、网络化高质量发展。建立公职人员职务违法、职务犯罪大数据监督平台，强化数据关联和融合分析，提升监督效能和线索处置质效。

# 二、依规依纪依法同步同向发力 *

## ——湖北省"受贿行贿一起查"工作的实践与思考

2018 年 1 月至 2019 年 6 月，湖北省纪检监察机关立案调查涉嫌受贿违法犯罪案件 904 件、涉嫌行贿案件 546 件，依法对 476 名涉嫌受贿犯罪的公职人员和 324 名涉嫌行贿犯罪人员采取留置措施，已依法移送司法机关 317 名受贿人、158 名行贿人，给予行贿违法监察对象党纪政务处分 222 人。

党的十九大报告旗帜鲜明地提出"坚持无禁区、全覆盖、零容忍，坚持重遏制、强高压、长震慑，坚持受贿行贿一起查，坚决防止党内形成利益集团"，体现了鲜明的问题导向和反腐败斗争深化发展的必然要求，对于有力削减存量、有效遏制增量，巩固发展反腐败斗争压倒性胜利，构筑风清气正的政治生态和社会环境具有重要意义。

近期，湖北省纪委监委政策法规研究室对"受贿行贿一起查"工作的实践探索、存在的问题进行专题调研。

## 同步同向发力的实践探索

同步调查，受贿行贿一同立案。在查处党员领导干部、国家公职人员涉嫌受贿等严重违纪违法问题的过程中，加大对行贿人的查处力度，做到同步留置、一起调查，对采取留置措施的行贿人同步办理立案手续。如，省监委

---

* 湖北省纪委监委政策法规研究室。

查办的武汉市政府原党组成员、副市长李某违纪违法案件中，同步留置了毛某某、陈某某等 5 名行贿人，快速锁定了李某大部分受贿的事实，大大缩短了取证周期，节约了调查资源。

指定管辖，受贿行贿一体调查。充分利用指定管辖政策，对重大复杂贿赂案件实行一体化办案机制，即将贿赂案件中级别较高、违法犯罪问题严重的受贿案件作为主案由省监委牵头查办，行贿人的相关线索和问题作为辅案指定下级监委查办。案件进入司法环节后，由省监委协调司法机关管辖事宜，本着有利于主案起诉判决原则，合理安排主案、辅案起诉开庭的先后次序，在事实认定、证据采信、法律适用上一体统筹，有效保障办案质量。如，在查办国企巨蠹蒋某某系列案件中，省市县三级监委参战单位达十几个，案件涉及境内外十多个地区，涉案行贿人 20 余人，省纪委监委通过一体化组织指挥，逐一查清行贿受贿事实，取得良好的办案效果。

聚焦重点，受贿行贿共同打击。工作中，聚焦腐败多发领域和关键环节，在严肃查处受贿问题的同时，把多次行贿、数额巨大、长期"围猎"党员干部且在党的十八大后仍不收敛不收手的行贿人作为重点对象，从严处理，形成震慑效应。如，省监委在办案中，发现武汉某公司董事长毛某某在党的十八大后，向武汉某国企原党委书记谢某某、武汉市原副市长李某等多名国家工作人员行贿，反复拉拢腐蚀党员领导干部，省监委迅速作出将毛某某案指定咸宁市监委管辖的决定，果断对其采取留置措施，依法移送司法机关审查起诉。

分类施策，受贿行贿同步处置。在对受贿案件进行审理处置时，连同行贿人一并提出处理意见，提交省纪委监委专题会议和常委会审议。如，省纪委监委查办的黄冈市政府原副市长、市公安局原党委书记、局长汪某某案件中，对行贿数额巨大的王某某、盛某某等人移送司法机关审查起诉；对达不到入罪标准、有行贿行为的王某某、徐某某等党员干部运用"四种形态"，给予党纪政务处分或组织处理；对魏某某、王某某等"两非"行贿人同时犯有容留他人吸毒等违法犯罪问题，移交公安机关依法处理；对其他情节轻微的"两非"人员，进行批评教育，予以结案。

积极稳妥，服务保障企业发展。湖北省纪委监委专门出台关于纪检监察机关服务保障企业发展的十二条措施，对查办涉企行贿案件提出三项要求：一是规范审慎查办涉企案件。需要企业经营者协助调查时，既要查清问题，也要切实保护其合法的人身和财产权益，保障企业合法经营。对于积极配合调查的，一般不冻结企业及关联方账户、财产，不查封、扣押企业财物。二是严格慎用留置措施。凡积极配合调查的，一般不对企业负责人、科研技术骨干和关键岗位人员采取留置和限制出境等措施。对于依法留置的企业涉案人员，主动交代涉嫌违法犯罪问题，并愿意继续配合调查的，可依法解除留置。如，省纪委监委今年查办的一厅级干部受贿案件中，武汉一公司涉嫌单位行贿 500 万元，该公司法定代表人李某积极配合组织调查，如实供述问题，主动安排公司人员加班查询关键书证材料，省纪委监委最终未对李某采取留置及相关措施，保障企业合法经营。三是注意维护企业声誉。稳妥发布涉企案件信息，一般不点名道姓曝光涉案企业，不发布有损企业声誉的相关信息，避免因办案方式方法不当给企业造成负面影响。

调研显示，"受贿行贿一起查"是有效防止和惩治腐败的重要举措，但在实际工作中不同程度地存在一些问题。如，构成行贿犯罪的一个核心问题是谋取了"不正当利益"，而实践中对"不正当利益"并不能形成清晰界定的统一标准，需要区分不同情形进而酌情把握。对行贿人获取的非财产性不正当利益能够通过协调相关党委部门、行政单位予以取消、撤销或者纠正等，但对财产性利益特别是间接财产性利益难以准确认定。对存在行贿行为但不构成犯罪的"两非"行贿人缺少有效的惩戒手段。

## 完善一追到底的制度机制

健全完善法律规范。完善对行贿行为惩处的相关法律法规，特别是对"不正当利益""单位行贿与个人行贿"等焦点问题，按照从严标准，作出明确界定或解释，便于纪检监察机关和司法机关在实践工作中准确把握和运用，使行贿行为受到应有的惩处。

建立廉洁承诺制度。对于那些有行贿行为但不构成犯罪的"两非"人员，应当切实完善惩戒措施，比如建立具结悔过（《中华人民共和国行政诉讼法》第五十九条对妨碍行政诉讼行为规定的一种处理方式）、廉洁承诺等制度，由监察机关对其进行批评教育，签署廉洁承诺书，并予以结案。对违反廉洁承诺的单位和个人，一律列入负面清单予以公示惩戒。

建立健全行贿档案数据信息库。建议在原检察机关管理的行贿档案基础上，按国家监察体制改革后要求对原有档案进行融合完善，将涉嫌行贿信息分级列入信息库，逐步扩展行贿档案涵盖范围，规范和完善行贿档案查询制度，加强与税务、财政、金融、招投标管理等部门协作，对列入"黑名单"的行贿单位及行贿人在市场准入、经营资质、贷款条件、投标资格等方面作出限制性规定，并定期向社会公开曝光，助力社会诚信体系建设，增加行贿成本，让行贿者寸步难行。

建立健全行贿行为不正当利益追缴制度。《中华人民共和国行政诉讼法》第六十四条和《关于办理行贿刑事案件具体应用法律若干问题的解释》第十一条均对追缴不正当利益作出了明确规定。但由于这些规定是原则性规定，对于行贿行为不正当利益的追缴，还没有形成明确而系统的操作体系，各地相关追缴工作难度不同程度地存在。对此，建议进一步建立追赃和追缴不正当利益工作的相关制度，明确不正当利益追缴的条件、程序、范围、主体和责任，明确不正当利益的认定、计算标准、监督及救济制度等，明确监察机关、检察机关、审判机关责任，并制定统一的追缴文书。对行贿人通过行贿获取的财产性利益以外的政治待遇、职务晋升、资格资质、荣誉奖励等其他不正当利益，也要进一步明确由相关主管部门予以处理，对"围猎者"一追到底。

# 三、充分发挥多方合作权威高效的制度优势 *

## ——关于完善办理职务违法犯罪协作配合机制的调研

《中华人民共和国宪法》第一百二十七条第二款规定："监察机关办理职务违法和职务犯罪案件，应当与审判机关、检察机关、执法部门互相配合，互相制约。"十九届中央纪委三次全会强调，认真执行党纪处分条例，严格依法行使监察权，依托纪检、拓展监察、衔接司法，整合规范监督执纪问责和监督调查处置法规制度，完善审查调查转换衔接办法，完善监察调查与刑事司法衔接机制，推动形成与审判机关、检察机关、执法部门互相配合、互相制约的体制机制。

监察机关在调查职务违法犯罪的过程中，积极争取相关单位、部门的支持、协作与配合，建立问题线索移送、证据收集调取、信息查询共享等合作机制，既可以有效弥补监察机关办案力量、调查手段及装备有限等不足，同时，利用协作机制的监督制约功能，也能不断规范职务违法犯罪调查程序，有利于实现纪法贯通、法法衔接，切实使制度优势转化为治理效能。

日前，云南省昆明市纪委监委成立课题组，对纪检监察机关在办理职务违法犯罪中与相关单位协作配合情况开展调研。

---

\* 云南省昆明市纪委监委研究室。

# 协作配合现状调查

与公安机关协作配合情况。成立查办案件协作配合领导小组，领导小组办公室设在公安机关法制部门，在监察机关案管室设立联络办公室，统一协调办理留置、技术调查、限制出境等协作事宜。监察机关和公安机关在履行职责过程中，发现涉及对方管辖的案件线索，及时将案件线索及相关材料移送对方办理。公安机关接到监察机关的书面通知，根据需要采取通缉、限制出境等调查措施配合开展工作。

与检察机关协作配合情况。由检察机关案件管理部门统一受理监察机关移送审查起诉的职务犯罪案件，明确监察机关移送案件的证据标准和应当包含的材料，以及检察机关受理案件时应当审查的内容。案件受理后，检察机关及时审查，决定是否对犯罪嫌疑人采取强制措施以及采取何种强制措施，并及时通知监察机关，确保留置措施与刑事强制措施无缝衔接。对于疑难复杂的职务犯罪案件，由监察机关商请检察机关派员提前介入，对证据收集、案件性质认定和法律适用等提出意见，及时排除非法证据，补正瑕疵证据，为案件移送审查起诉打牢基础。

与审判机关协作配合情况。主动适应"以审判为中心"的诉讼制度改革，监察机关与审判机关联合制定职务犯罪案件证据标准指引文件，严格按照标准规范取证程序，依法全面客观收集、固定能够证实被调查人有罪或无罪、犯罪情节轻重及证明取证行为合法性的各类证据，确保每一起案件事实清楚、证据确实充分、取证程序合法。审判机关严把事实关、程序关、法律适用关，推动审查调查规范化法治化水平不断提高。

与其他相关部门协作情况。监察机关设立信息技术保障室，整合外部数据查询，加强电子数据提取运用，构建大数据平台，加快审查调查模式的改变，实现"用信息服务审查调查""以信息引导审查调查"，以信息化手段助推纪检监察工作高质量发展。同时健全完善工作规定和制度，从严规范审批权限和审批程序，从严明确监督管理和工作纪律，进一步规范监察机关依法依规开展信息查询和技术调查工作，确保平台不被滥用。

# 协作配合存在问题

对监察机关认识不足，存在消极配合现象。监察委员会是国家监察体制改革的新生机构，很多单位和部门对监察法等相关法律法规和要求掌握不够，对监察机关的性质和职能了解不多、认识不够，存在不会协作的现象。一些单位和部门缺乏大局意识，消极对待协作配合，甚至出现互相推诿、不配合监察调查工作的现象。

协作机制不够完善，程序性规定亟待细化。在与公安机关协作配合中，看护队伍专业性不强，对留置看护规定不明确，存在留置安全风险。在与司法机关协作配合上，虽然相继出台了一些工作规范，但办案实践中仍然存在部分环节缺乏明确具体操作依据的情况。如，移送司法机关的涉嫌职务犯罪案件，检察机关对被调查人何时采取何种刑事强制措施、何时向法院提起公诉，审判机关何时开庭审理、判决结果如何，被告人是否上诉等重要办案节点和结果，监委通过何种方式了解掌握，司法机关应向监委移送哪些法律文书，程序性规定尚需进一步细化。

法法衔接不够顺畅，不适应审查调查现状。如，监察机关向检察机关移送案件一般坚持同级移送原则，可能与审判机关审判管辖规定相冲突，导致案件不能按正常程序提起公诉。对行贿人有效约束的衔接保障措施不足，容易出现行贿人逃跑、隐匿、毁灭证据、干扰证人作证等情形的发生，影响对行贿犯罪的有效打击。

信息共享范围较窄，效率低风险大。银行账户信息查询等主要信息平台尚不够完善，有时需要调查人员多处奔波，不仅工作量大，而且获取信息的效率不高。这样一来，调查人员同时到多家单位对涉案相关信息进行查询，无意中扩大了知晓案情的范围，容易泄露案情，存在为相关人员伪造、隐匿、销毁证据，串供、转移赃款赃物等情形提供可乘之机的隐患风险。

缺乏考核评价和监督制约机制，协作配合约束力不强。由于缺乏行之有效的归责制度和考核评价机制，对协作单位协作质量的好与坏、成与败从定性和定量方面评价都缺乏有效的指标体系，缺乏较强的约束力。

# 完善协作机制建议

提高纪检监察机关履职能力，增强协作意识。纪委监委合署办公对纪检监察干部履职能力提出了新的挑战。纪检监察干部不仅要有担当的宽肩膀，更要有履职的真本领。加强学思践悟，按照把政治建设摆在首位的要求，认真学习党章党规党纪和国家相关法律法规，深刻领会关于职务违法和职务犯罪的立法宗旨、精神实质、核心要义，增强运用政治思维、大局思维、法治思维分析和解决问题、规范开展职务违法犯罪调查的意识和能力。纪检监察干部要广泛学习经济、法律、财务、审计、金融等领域知识，不断拓宽视野，丰富知识储备。要突出实战能力，通过以案代训、以老带新等方式，围绕监察法规定的 12 种调查措施的实践运用、职务犯罪案件证明标准及取证方法、开展协作配合的经验做法等内容开展培训，切实打牢充分履职的知识基础和能力基础。同时，加强对监察法的宣传，增进相关单位对监察机关职责、权限、监察范围等的了解，引导相关单位提高政治站位，增强主动协作配合的意识，有效凝聚精准打击职务违法和职务犯罪的整体合力。

充实协作配合力量，建立定期交流机制。加强党对反腐败工作的集中统一领导，充分发挥反腐败协调小组作用，强化党委全过程、常态化领导，构建权威高效的反腐败工作体制机制。除公安、检察、审判等机关外，凡是能够对职务违法犯罪调查提供协作配合的单位，统一纳入协作范围，指定联络员专门负责问题线索、案件的移送、接收及信息查询、证据调取等协作事宜，最大化地发挥各职能部门的优势，为监察机关调取证据查办案件提供支撑。按照"先横后纵，分级办理"的原则，协作部门发现公职人员职务违法犯罪线索的，应在规定时限内将问题线索及相关材料移送同级监察机关，由监察机关根据干部管理权限和管辖规定进行处置。反腐败协调小组要定期召开各协作部门专项工作会，互通情况、研究问题、统筹协作配合工作。建立以质量和效果为核心的调查协作考评体制，对消极应对、阳奉阴违、不履行或不正确履行协查义务，调查协作完成不好的单位和个人给予通报批评，对徇私舞弊、跑风漏气、失密泄密，造成严重后果的公职人员，严肃追责问责，涉嫌犯罪的依法处理。

规范案件移送工作，完善起诉审判协作机制。对于涉案金额巨大、涉案人数众多、在本地区有较大社会影响、疑难复杂或事实认定、法律适用存在较大争议的职务犯罪案件，监察机关在审理阶段书面商请检察机关派员介入。检察机关在接到通知或商请函后及时选派公诉、侦监部门的检察官进驻监委开展工作，对证据标准、取证程序、事实认定、案件定性及法律适用等提出书面意见。案件移送检察机关后，原则上由提前介入的检察官承担审查逮捕和审查起诉工作，防止案件非正常退回补充调查，保证案件顺利提起公诉。对监察机关移送的案件，法院开庭审判前，检察机关公诉部门应当与同级人民法院审判庭共同研究制定审判预案，对可能出现的突发情况和问题提出应对措施，保证起诉、审判工作顺利进行，确保案件办理的政治效果、纪法效果和社会效果。

扩大信息共享范围，完善信息查询管理制度。搭建涵盖公安、司法系统、金融、住建、组织人事、边防、工商、税务、交通、国土、通信、民政等部门的信息共享查询平台和绿色查询通道，将所有监督对象、党员干部的基本信息录入该平台，实现与各职能部门的数据导入和适时查询，通过数据对比，挖掘有价值的信息，为监督执纪问责和监督调查处置提供信息技术支撑。同时完善信息查询平台安全措施，做好授权和分级，保证信息查询快捷，信息数据安全。由市委反腐败协调小组牵头，在纪检监察机关、司法机关、行政执法机关、基础信息部门之间建立集多部门、跨地区、多单位为一体的职务违法犯罪调查协作网络平台，协作单位应按要求及时反馈查询结果，实现查询效率最大化。

# 四、"以案四改" 从查处示警到标本兼治 *

## ——关于深化以案促改工作的调研

十九届中央纪委三次全会指出，坚持一案一总结，推动各地区各部门加大改革力度，促进权力公开透明运行，补齐制度短板，夯实法治基础。深化以案为鉴、以案促改，从正反两方面典型中汲取经验教训，筑牢思想防线，堵塞监管漏洞。

以案促改，深刻体现了一般和个别、量变和质变、治标和治本的辩证关系，是深入推进全面从严治党的必然要求，是一体推进"三不"机制建设的有力抓手。

近期，重庆市纪委监委调研组对该市深化以案促改，构建以案改治理、以案改监管、以案改制度、以案改作风的"以案四改"机制进行调研。

## 当前开展以案促改工作的基本情况

全市纪检监察机关突出查办违纪违法案件的震慑和警示，督促各级党组织特别是案发领域的相关单位引以为戒、举一反三、严肃整改，实现查处一案、警示一批、规范一方的目的。

以"一案六报告"促整改。各级纪检监察机关对凡查结的典型案件，根据需要及时形成审查调查报告、审理报告、涉案款物专题报告、剖析报告、

---

* 重庆市纪委监委调研组。

案件总结报告、涉案人员处置建议报告，对案件进行全方位总结和深度剖析。在"一案六报告"中，重点用好案件剖析报告，督促案发单位针对体制机制和监督管理薄弱环节，及时建章立制、堵塞漏洞。如，市纪委查处武隆区政协原党组书记、政协主席张某某后，剖析其背后党内政治生活不严肃、权力缺乏监督制约等 5 方面问题，将其忏悔录和案件剖析报告发往其工作地区，督促相关区委深刻检查反思、全面整改。

以专项整治促整改。针对巡视巡察反馈意见以及案件查办中发现的普遍性或共性问题，提出专项整治要求，督促相关单位建立整改台账，落实整改措施，抓好问题整改。如，在查处社会经济组织骗取扶贫财政补贴典型案件后，市纪委监委通过"解剖麻雀"式调研，着力发现基层在扶贫项目承建、项目实施、项目验收等环节的廉政风险，及时督促相关区县开展专项治理。

以纪检监察建议促整改。纪律检查建议和监察建议是纪检监察机关督促整改的有效手段，纪检监察机关每查处重要案件，都会针对暴露出的问题，深入分析问题根源，就完善制度机制、加强教育管理监督、防控廉政风险等方面提出纪检监察建议，同时加强整改落实情况的监督检查，督促案发单位整改到位。如，针对监察建议具有法律效力的特性，制定监察机关运用监察建议的实施办法，细化提出监察建议的 8 类情形和工作程序，使监察建议的针对性和整改效果明显增强。

调研发现，以案促改工作存在一些差距和不足。有的纪检监察机关剖析案件不够深入，案件特点和案发原因总结提炼得不准不全；有的纪检监察建议缺乏针对性和可操作性，存在用"工作建议"代替纪检监察建议的情况；有的案发单位对以案促改重视程度不够，整改落实有偏差，"书面整改""表面整改"等形式主义的问题时有发生，等等。

## 重点领域存在亟须整改的共性问题

从监督检查、审查调查、巡视巡察、信访举报等情况来看，当前重庆市国有企业、医疗卫生、工程招投标、扶贫等领域存在几方面亟须解决的共性问题。

制度不完善。有的照搬照抄中央文件，上下一般粗，制定制度结合实际细化不够。有的在项目管理、资金拨付使用等关键环节，制度设计过于笼统，"牛栏关猫"。有的缺少相应的配套制度，头痛医头、脚痛医脚。有的制度建设滞后，没有与时俱进地修订完善。有的对制度合意的执行，不合意的就不执行，使制度形同虚设。如，一些国有企业在项目管理、财务管理、投融资管理等内部管理制度建设上，具有一定的滞后性，内部监督制约机制不完善，导致有的干部利用制度的空子以权谋私。

权力制约监督机制不健全。当前，有的围绕权力运行这一核心监督不力，对一把手等"关键少数"不敢监督、不愿监督。调研发现，在对一些行业、领域重要岗位、重点人员开展监督的过程中，精确性、专业性的监督手段不多。此外，全方位的监督合力尚未形成，民主监督、司法监督、舆论监督作用未得到充分发挥，群众参与监督的渠道还需进一步畅通。如，有的国有企业下设多级子公司，监督力度层层递减、效果层层减弱；有的企业监督机构在利益驱动下，主动迎合一把手，没有发挥应有的监督制衡作用。

行业监管不到位。案例显示，监管乏力是产生违纪违法行为的重要因素。当前，有的部门履行监管责任不力，存在监管盲区和漏洞；有的监管手段不多、力度不大，监管协同机制不健全，监管实效有待增强；有的领导干部利用手中的审批监管权以权谋私，搞权钱交易。如，从扶贫领域查处的案件看，一些职能部门不认真履行监管责任，对一些扶贫项目"一批了之"、扶贫资金"一拨了之"，对村社、施工单位的监管流于形式，检查验收履职不到位，充分印证了中央脱贫攻坚专项巡视在反馈意见中指出的"有关职能部门履行监管责任用力不够，存在扶贫项目招投标领域乱象丛生、扶贫工程监管不到位、扶贫资金使用不规范等问题"。

政策水平和业务能力不足。调研发现，当前有的行业、领域干部对学习重视程度不够，未能根据岗位和职责的变化主动学习、持续学习、深入学习，业务能力素质还不能完全适应新形势新任务，将全面从严治党要求和业务工作结合得不够紧密，发现问题、解决问题的能力不强，防范和化解风险的能力还有待进一步提高。如，从工程招投标领域查处的案件看，有的行业主管部门领导干部和工作人员业务能力不强、把握政策水平不准，不能及时发现潜在的廉政风险。

作风不严不实。重点领域的典型案例显示，一些违纪违法行为的发生是由于领导干部和管理人员责任心不强、失职渎职造成的。当前，有的党员干部主动担当作为的精神不够，形式主义、官僚主义比较严重，该发现的问题没有及时发现，给违纪违法者提供了可乘之机。如，身处扶贫领域的一些干部不担当不作为、作风漂浮，工作浮在表面、流于形式，检查验收走过场，对一些眼皮底下的违规违纪违法行为未能及时发现。

# 通过"以案四改"深化标本兼治

以案改治理。要督促案发单位改进治理方式，针对案件暴露出的突出问题、普遍性问题，明确整治重点，集中精力进行专项治理。一是开展自查自纠。案发单位党组织要及时组织召开专题民主生活会、组织生活会，班子成员和有关党员干部要把自己摆进去、把职责摆进去、把工作摆进去，对照检查、反躬自省。要结合纪检监察建议、案件剖析报告，全面查找重点岗位和关键环节在体制机制、权力监督等方面存在的问题，制定清单，立查立改。二是集中整治突出问题。针对相关领域、相似类型的突出问题，举一反三，明确集中整治的重点内容，制定有效措施，实行项目化推进，逐条逐项解决到位。三是推进系统治理。督促案发单位把开展专项治理与贯彻落实党中央重大决策部署结合起来，对深层次问题从系统上、整体上进行治理，深化拓展专项治理成果。对治理效果不明显，应付交差，搞形式、走过场等问题，严肃追责问责。

以案改监管。在案发后，要督促相关行业主管部门围绕腐败滋生的重点领域和关键环节，改进监管措施。一是强化监管责任。行业主管部门要着力整改监管责任落实不到位的问题，认真履行法律法规赋予的监管职责。二是加大监管力度。相关行业主管部门要立足各自的职能职责，强化对所属行业、领域、系统的监管，紧盯工程招投标、项目实施、资金拨付使用等关键环节，优化监管措施，创新监管方式。行业主管部门之间要建立信息共享、协同监管和联合奖惩机制，形成监管合力。三是提高监管能力。要坚持问题导向，通过多种形式培训轮训，提升干部队伍业务能力和监管水平。充分利用"互联网＋监管"等现代信息技术手段，推进监管精准化智能化，提高发现和防范苗头性风险的能力。四是强化问题查处。加大违规违法行为查处力度，严肃查处行业领域的违法问题。行业主管部门要主动将涉及行使公权力的公职人员作风和腐败问题线索，及时移送纪检监察机关。

以案改制度。要督促案发单位建立长效机制，从制度上、根源上防止违纪违法行为发生。一是查找制度漏洞。要围绕重点领域查处的相关问题，对现有制度进行全面审查、评估和清理，对关键环节、重要程序等方面的问题逐项梳理列出清单。二是完善制度机制。督促案发单位着眼于搞好制度的"供给侧结构性改革"，对存在政策空白或政策不完善、不适应的相关制度，要抓紧研究、及时出台、修订完善。特别是对涉及工作流程、重要路径方面的制度机制，要抓紧完善、细化、优化。三是强化制度执行。要加强对制度执行情况的监督检查，促进民主集中制、"三重一大"集体决策、个人有关事项报告、重大事项请示报告等重要制度的刚性执行，对有令不行、有禁不止、随意变通、恶意规避等严重破坏制度的行为，严肃追究责任。

以案改作风。要督促案发单位和相关监管部门有针对性地解决不敢抓不敢管、不担当不作为的问题，切实改进工作作风。一是在管党治党责任上强化担当。案发单位党组织要结合查处的案件，深入查找管党治党责任不到位、全面从严治党不力等方面存在的问题，细化整改措施，切实担负起主体责任。案发单位纪检监察机构和相关监管部门要结合职责定位，对监督管理方面作风不严不实、担当精神不足等突出问题和案件反映出来的领域性、系统性问题，要从政治生态上进行综合分析研判，切实履行好监督专责和行业监管责任。二是在日常监督上强化担当。案发单位党组织要从严从实加强对党员、干部的日常教育管理监督，深化运用"四种形态"特别是"第一种形态"，对发现苗头性倾向性问题，通过批评教育、约谈函询、诚勉谈话等方式，抓早抓小、防微杜渐。

# 五、跑出正风肃纪宣传"加速度"*

## ——对运用新媒体开展纪检监察宣传工作的调研

2019 年 1 月 25 日，习近平总书记带领中共中央政治局同志来到人民日报新媒体大厦，就全媒体时代和媒体融合发展举行第十二次集体学习。习近平总书记强调，推动媒体融合发展、建设全媒体成为我们面临的一项紧迫课题。要运用信息革命成果，推动媒体融合向纵深发展。

在网络与时代发展高度融合的大背景下，纪检监察机关立足新的时代条件和实践要求，抢占以微博、微信、APP 等新媒体为代表的网络宣传阵地，唱响主旋律、传播好声音、讲出好故事，既是加强正风肃纪反腐宣传的创新举措，也是推进全面从严治党向纵深发展的时代课题。

近日，天津市纪委监委组织开展专题调研，梳理该市纪检监察系统运用新媒体宣传的工作实践、存在的问题和不足，并形成加强新媒体运用的对策建议。

## 运用新媒体加强正风肃纪反腐宣传的做法成效

突出政治站位，加强组织领导。将新媒体建设置于纪检监察工作大局中思考、谋划和定位，不断加强对新媒体运用的组织领导和整体安排，统筹推进全市纪检监察系统信息化建设，促进信息技术与纪检监察业务深度融合。

---

* 天津市纪委监委课题组。

市纪委监委主要负责同志多次"点题"部署，切实做到带头抓、直接抓、具体抓，推动市纪委监委官方网站、微信公众号、手机客户端改版升级和市区两级新媒体矩阵搭建工作，积极构建多角度、全方位、立体化的全面从严治党宣传格局。

构建矩阵平台，开辟载体阵地。注重建好新媒体平台，完成了市纪委监委"廉韵津沽"网站、"天津纪检监察网"手机客户端和"海河清风"微信公众号3个自有媒体的改版提升。依托"廉韵津沽"网站，推动全市16个区纪委监委网站建成上线；以"海河清风"微信公众号为龙头，以各区纪委监委微信公众号为骨干，搭建纪检监察系统"市、区、乡镇街道"三级微信公众号矩阵，将重要宣传内容第一时间传至"神经末梢"。借助新媒体传播优势，推动各党政机关门户网站开设全面从严治党专题专栏，提高传播力影响力。市纪委监委自有媒体已逐步成为全市宣传解读政策、交流工作经验的重要阵地，凝聚党心民心、密切联系群众的重要纽带。

创新表达方式，增强传播效果。把握新媒体宣传特点和规律，创新表达形式，综合运用视频、音频、图解、动漫、H5、图表等多种形式，实现宣传内容从可读到可视、从静态到动态、从一维到多维、从单向到互动的转变。"廉韵津沽"网站自去年改版以来，日均访问量3万余人次；"海河清风"微信公众号粉丝近10万人、阅读量200万余人次；天津纪检监察网客户端下载量5.4万人次。策划推出的"监察法在线答题""处分条例在线答题"，参与人数突破20余万人次。通过用心经营语言文字，着力在"广度、频度、深度、热度"上下功夫，努力做到主业报道有嚼头，纪法宣传有干货，案例曝光有警示，内容方式接地气。

健全工作机制，确保运营规范有序。积极践行"中央厨房"式运行模式，有计划有步骤开展一体策划、一次采集、差异呈现，以"一网一端一微"新媒体和相关日报、晚报、电视台、广播、网络等主流媒体全面从严治党专版专栏为主阵地，形成正风肃纪反腐宣传窗口，持续向中央媒体推荐、向社会媒体拓展、向基层媒体延伸，增强宣传叠加效应。将新媒体宣传纳入网络意识形态责任制和年度工作考核范畴，推动宣传任务落实到位。制定市区两级纪委监委新媒体稿件策采编发运营规范和相关规定动作审核机制，确保有制可依、有章可循。

强化全息全程，把握宣传主导权。定期与市委网信办等部门会商，加强分析研判，完善处置预案，第一时间发布权威信息，掌握网上舆论话语权和主动权。紧盯不作为不担当问题、违反中央八项规定精神问题、群众身边的腐败和作风问题等，运用新媒体开设"信访举报"专栏、"四风"举报专区、"不作为不担当"监督举报曝光专区，拓宽信访举报和群众监督的渠道。推动网评员和舆情员队伍建设，促进网络空间更加清朗。

## 运用新媒体开展正风肃纪反腐宣传存在的问题

大网信格局融入有待增强。虽然纪检监察系统的新媒体已经起步，但仍处于初级阶段，融入本市网络发展、智慧城市建设的深度、广度、频度都有欠缺，还存在不系统、不生动、不够接地气等问题，距离群众喜闻乐见的目标还有差距。特别是与市委网信办、本市主流媒体、其他党政部门新媒体之间，尚未建立常态化沟通协作机制，与商业新媒体协调联动较少，各种新媒体资源内外融合、互通共享、借力借势力度不足。

知名度和影响力有待提升。天津市纪委监委新媒体平台改版时间不满一年、各区分网站建立不到半年，当前工作重心仍侧重于新媒体自身建设和运营方面，在宣传推广上力度不够，缺少品牌策划、形象设计、整体包装的具体举措，案例类、通报类稿件受关注度高，一般稿件受关注度低、影响力小，缺少"10万+""百万+"等"爆款"作品。同时，互动类议题设置较少，网友互动、留言等功能没有充分发挥，党员干部群众的参与度不强。

统筹策划的力度不足。宣传内容超前策划不够，被动落实多、主动策划少，导致宣传重点不突出，部分工作准备不充分。媒体融合机制尚不健全，差异化宣传和互动宣传较少，对重要新闻选题二次加工、跟进使用的效果不明显，"融媒效应"没有及时转化为"声势效应"。

表达方式的创新不够。"中央厨房"式策采编发模式还不成熟，新媒体"小、快、灵"的特点没有很好发挥。表达方式存在同质化问题，目前传统的文字稿件仍占多数，镜头、图表、微视频、H5等"抓人眼球"的表达方式运用效果明显，但数量和质量都有待提升。坚持以人民为中心的导向不够明显，有高度有温度、接地气聚人气的稿件较少。对新媒体检验评估的指标体系认知不足，如何衡量具体宣传效果并有针对性地改进提升，还缺少科学的方法和途径。少数单位对新媒体宣传的重视程度不够，宣传积极性不高，统筹策划能力、新媒体运用能力、表达方式创新能力有待提升。

# 推进新媒体正风肃纪反腐宣传的对策和建议

深化构建新媒体宣传大格局。将正风肃纪反腐宣传纳入意识形态工作责任制，督促各级党组织高度重视、积极推动、督促指导，提供必要的人力、物力和财力支持。加强与党委宣传部门、网信部门协调联动，把正风肃纪反腐新媒体纳入信息产业发展、智慧城市建设的大布局。强化纪检监察新媒体与本市主流媒体、其他党政机关新媒体以及商业媒体的协调联动，实现重要稿件集群发声、同频共振、多维呈现。结合贯彻落实《天津市纪委监委信息化工作规划（2018—2022年)》，打通内外宣传的通道，推动新媒体软硬件设施的同步提升。

优化新媒体稿件策采编发程序。对新媒体宣传超前谋划、具体策划，既有"跳起来摘桃"的勇气，又有"摁葫芦抠籽"的耐心。结合阶段性重大活动，把握时间节点和工作重点，有计划有步骤开展策划，增强宣传的前瞻性和计划性。把握新媒体与传统媒体的差异性，通过各种形式发声，确保传播的最大效果；主动策划专题专栏，推进网上宣传理念、内容、形式、方法、手段等创新，整体提升稿件质量；建立发稿情况通报机制，积极推介各级纪检监察机关工作特色亮点，激发工作积极性，营造比学赶帮超的浓厚氛围。

探索创新新媒体表达方式。重点强化原创思维、精品思维、特色思维、抢先思维，突出主业主责、坚持内容为王，既在报道内容上体现丰富性、可读性，又在表达形式上不落模板式、套路化。强化以人民为中心的理念，打造融新闻、信息、观点、民意为一体的舆论互动平台，向群众公开、让群众监督、为群众服务，更多发布人民群众关心、关注、关切的信息。强化基因重组、深度融合的工作理念，把天津日报、今晚报、天津电视台、天津广播等传统媒体深、专、实，与新媒体小、快、灵的优势结合起来，推动从选题策划到多样传播的深度融合。更多地运用图解图说、镜头、短视频、动漫等可视化形式组织宣传报道，设置更多互动类议题，增强宣传的吸引力和影响力。

多维度强化新媒体安全保障。始终绷紧安全这根弦，注重宣传的政治效果、纪法效果和社会效果。增强网络安全意识、风险意识、危机意识，全面加强软件管理和硬件建设，加强正面宣传和舆论引导，传播正风肃纪反腐的正能量。

全面提升新媒体意识和能力。深刻理解"过不了互联网这一关，就过不了长期执政这一关"的内涵，强化各级纪检监察干部熟悉、运用、参与新媒体正风肃纪反腐宣传的意识，用新媒体宣传倒逼信息化、智能化、网络化、数字化、智慧化、阳光化纪检监察建设。加大新媒体宣传培训力度，通过举办培训班、以会代训、以干代训等形式，教育引导宣传干部不断掌握新知识、熟悉新领域、开拓新视野，切实提升新媒体运用能力。加强调查研究和宣传推广，鼓励各级纪检监察机关结合实际积极探索、大胆创新，在用好用活新媒体宣传方面创造有益经验。建立各级纪检监察机关新媒体宣传工作联动机制，定期通报宣传工作重点，了解掌握各单位工作进展情况，调动全市纪检监察系统运用新媒体开展正风肃纪反腐宣传的积极性。

# 六、"一案一总结"补短板筑防线 *

## ——关于深化"以案为鉴、以案促改"的研究与思考

十九届中央纪委三次全会强调：坚持一案一总结，推动各地区各部门加大改革力度，促进权力公开透明运行，补齐制度短板，夯实法治基础。深化以案为鉴、以案促改，从正反两方面典型中汲取经验教训，筑牢思想防线，堵塞监管漏洞。

近日，吉林省长春市纪委监委专门成立课题组，对纪检监察机关做好案后总结工作的有关问题进行深入研究，总结经验，查找不足，提出对策。

## 实践：坚持做好"四篇文章"

坚持做好"分析文章"，督促建章立制。一是实行"一案两报告"制度。案件办结后不仅要撰写案件调查报告，还要形成案件分析报告，针对案件暴露出的问题分析研判产生的原因，剖析发案单位在权力运行、制度建设等方面存在的漏洞和管理上存在的薄弱环节，并提出整改意见建议。二是用好两类建议书。针对存在的问题和漏洞，及时向发案单位下发《纪律检查建议书》或《监察建议书》，开列问题清单，明确整改内容、要求和时限，并督促整改落实，对责任不落实、整改不到位甚至拒不整改的单位严肃追责问责。三是适时建言献策。及时梳理分析审查调查中发现的区域性、普遍性问题，对

---

＊ 吉林省长春市纪委监委课题组。

出现的新情况、新特点、新动向进行深入剖析，通过专题汇报、报送问题信息等方式，向党委或政府提出有针对性的意见建议，推动从根本上建章立制、堵塞漏洞。

坚持做好"警示文章"，筑牢思想防线。一是坚持"一通报三曝光"制度。对查处的典型案件及时通报，并在省级网站、市级媒体上同步曝光，扩大典型案例的警示覆盖面、影响力。同时，采取"同类案件同批曝光"的方式，增强曝光震慑力，提高警示教育针对性。二是坚持"一案件三会议"制度。每查处一起违纪违法案件，要到发案单位召开专题民主生活会，宣布处分决定，要求受处分人员作出深刻检讨，党员干部开展批评与自我批评；针对典型案件，组织相关领域召开警示教育座谈会，面对面听取党员干部对典型案件的认识和体会；针对特殊典型案件，召开全市警示教育视频大会，通报事实，剖析根源，严明纪律。三是坚持挖掘整合用活案例素材，选择典型案例拍摄警示教育片、编印警示教育读本、充实警示教育基地素材库，组织党员干部开展警示教育活动。

坚持做好"预防文章"，突出抓早抓小。一方面，针对审查调查中发现的一些苗头性、倾向性问题，坚持抓早抓小，落实监督执纪"第一种形态"，及时开展纠错诫勉谈话、谈话函询等各类谈话，并督促整改落实。另一方面，针对审查调查中发现的一些普遍性问题，开展专项整治或专项监督检查，达到"查处一案，整改一方"的效果。如，聚焦专项扶贫资金、扶贫项目、危房改造、低保救助等方面的问题，长春市纪委开展扶贫领域腐败问题专项整治行动，以零容忍态度严查快处截留私分、贪污挪用、虚报冒领、优亲厚友、弄虚作假等问题。

坚持做好"回访文章"，做到治病救人。灵活采用走读谈话、入户走访、电话回访、一对一面谈等方式对受处分干部进行回访教育，并始终坚持两项基本原则。一是坚持回访原则，对给予党纪政务处分的干部，在处分生效后至影响期满前，至少进行一次回访教育。二是坚持"双向反馈"原则，要求回访对象所在单位（党组）如实反馈回访对象的现实表现和改正错误情况，纪检监察机关也及时将回访情况向回访教育对象所在单位(党组）进行反馈。通过回访，纪检监察机关和回访对象所在单位可根据受处分人员对所犯错误认识、整改情况，分别从不同层面、不同角度及时给予受处分人员疏导教育和关心帮助。

# 问题：五个方面有待加强

规范化制度化有待加强。当前，虽然一些党内法规对"以案为鉴、以案促改"作出原则性规定，但都相对比较笼统，需要各地结合实际不断完善操作细则。一些地方在实践中探索出的好经验和好做法，由于没有及时上升到制度层面，最终没有形成固化的工作流程，也没有得到进一步的深化、应用和推广，有的甚至随着人员更替而"复位归零"。这些都导致基层纪检监察机关和发案单位在做案后总结时无章可循、随意性较强。

分工协作有待加强。做好审查调查"后半篇文章"涉及多个方面。当前，一些纪检监察机关内部各部门之间、纪检监察机关与其他相关部门单位之间，协作联动机制不健全，存在责任边界不清、任务不明的现象，存在各自为政、单打独斗、信息不畅等问题。党内法规和工作规程中有明确指定责任部门的工作落实相对较好，没有明确指定责任部门的工作落实相对差些，虽然在工作中也有协作配合，但往往是一事一协商，没能真正形成合力。

管理考核有待加强。一是对基层纪检监察机关管理考核不够。一些基层纪检监察机关存在对"以案为鉴、以案促改"有关规定落实不够到位的现象。如，针对具体案例查找问题、分析原因、提出建议等没有落在纸面上，对发案单位提出整改意见"口头通知"，向本级党委或政府提出整改建议"口头汇报"，在一定程度上影响了意见建议的权威性、可行性和实效性。二是对发案部门单位管理考核不够。一些基层纪检监察机关对发案单位提出意见建议后，只要求发案单位提交整改落实情况报告，缺乏后续跟踪、监督落实和效果评估。

分析研究不够深入。一是个案分析不够深入。有的单位在案件审查调查结束后，没有深入分析问题发生原因，未能达到精准点穴、触碰灵魂功效。有的单位案件剖析存在形式化、格式化倾向，中规中矩，缺乏具体针对性和可读性。二是类案分析不够深入。有的单位不注重从同类违纪违法案例中查找本地发生该类违纪违法问题的共性原因，不注重寻求避免该类问题重复发生的对策措施，不能及时提出有效的整改意见建议，未能达到"规范一方"的效果。

干部队伍有待加强。一是人员力量明显不足。基层纪检监察机关注重审查调查，而在审查调查"后半篇文章"上投入力量有限。二是思想观念亟待转变。有的干部对审查调查"后半篇文章"重视不足，缺乏深度思考，创造性开展工作的意识不强。三是能力素质有待提高。有的干部对相关法律法规、党纪条例掌握和运用得不充分，亟须尽快提高。

## 对策：五个层面协力推进

构建规范的责任体系。探索建立"以案为鉴、以案促改"规范化、具体化、制度化、常态化的相关制度，对每一种措施的实施方式、实施程序、实施部门、实施效果、责任追究等方面作出明确规定，使纪检监察机关各职能部门和相关单位在案后总结的具体实施上有章可循。在这方面，如，重庆市渝北区纪委出台《关于运用违纪案件深化警示教育和廉政风险防控的意见》，从制度上规范做好纪律审查"后半篇文章"的程序及要求，深化细化召开专题会议、加强廉政教育、进行回访教育、开展剖析整改、扎紧制度笼子、实施成效评价6项"规定动作"，操作性很强。

建立系统的联动机制。探索建立"以案为鉴、以案促改"运行过程中各职能部门、各相关单位信息互通、沟通协调、工作衔接等各方面工作联系的操作规范，加强协调配合，形成整体合力，扩大审查调查综合效应。加强"三个联动"：一是内部联动，明确牵头责任领导、责任部室，固化内部衔接运行流程，加强内部协作；二是上下联动，对于典型案件、系统性腐败案件，要加强上下级纪检监察机关联动配合，全面剖析根源，系统推进整改；三是横向联动，建立与公检法、财政审计、组织人事等部门的协调配合机制，群策群力排查风险，堵塞漏洞。

实行严格的考核制度。"以案为鉴、以案促改"重在"结好尾""收好口"，不能"雨过地皮湿""一建议了之"。要严格考核各级党委（党组）的主体责任和各级纪检监察机关的监督责任以及各职能部门所负责任，对落实不力、敷衍整改的，严肃问责、公开曝光。一要建立考核制度，对案后原因分析不透彻、廉政风险点找不准、防控措施不过硬、整改实效不显著的坚决不放过，对目标要求和完成时限逐一核查，完成一项，销号一项。二要常杀"回马枪"、视情况"回头看"，确保已改问题不反弹，彻底打消少数党员干部存在的"一阵风"和"侥幸过关"心理，确保震慑常在。三要扩大群众参与度，要向群众公开整改目标，向群众公示考核结果，向群众征询意见建议。

提高案例剖析质量。准确、全面、透彻地剖析违纪违法根源，是做好案后总结一系列工作的必要前提。一是在剖析个案方面，要创新方式方法。可借鉴江西抚州市建立的"一案三查找"制度，在发案单位召开案例剖析会，由案件主办人剖析主客观因素，指出发现的问题、漏洞和薄弱环节，提出有针对性的建议；再由发案单位党委主要负责人和分管领导、纪委（纪检组）主要负责人、受处分对象这三方共同查找问题、剖析根源、明确责任、提出整改措施。二是在分析类案方面，要认真开展调研，全面掌握梳理该类案件表现形式、发展趋势，分析原因，提出建议，形成报告，以求达到"规范一方"的效果。

打造专业化干部队伍。组建专职"一案一总结"的干部队伍，负责统筹协调和具体落实有关工作，加强培训指导。一方面提高政治站位，引导干部正确认识审查调查"后半篇文章"在深化全面从严治党、推进反腐败斗争中的重要意义，强化担当意识。另一方面提升业务水平，对党纪条规、法律法规和相关措施办法在案后总结中的具体运用开展培训，着力提升干部队伍的专业思维、专业精神、专业素养，强化干部发现问题能力、深入剖析能力、提出建议能力和指导整改能力。

# 七、科学运用政策唤醒"迷途人"*

## ——湖北省纪检监察机关办理自动投案案件分析报告

2018 年，湖北省各级纪检监察机关始终保持惩治腐败高压态势，一体推进不敢腐、不能腐、不想腐，在高压震慑、政策感召和典型案件的影响下，全省 17 个市州中的 14 个地方自动投案率明显上升，全年共办理自动投案案件 106 件，取得良好的政治、纪法和社会效果。

日前，湖北省纪委监委成立课题组，对 106 件自动投案案件进行详细统计和逐项分析，在总结特点、查找不足的基础上，对进一步把握运用政策做好自动投案办理工作提出建议。

## 主要特点

投案范围覆盖面广。从地域分布看，14 个市州办理过自动投案案件，覆盖全省 76.47% 的区域。从办理情况看，市县两级纪检监察机关自动投案比例较高。其中，市级纪检监察机关办理 24 件，占全省办理的 22.64%；县级纪检监察机关办理 79 件，占全省办理的 74.53%。从投案人员身份看，自动投案人员包括党政干部、事业单位人员、企业人员和村（社区）干部。其中，党政干部占 49.06%，事业单位人员占 16.98%，企业人员占 13.21%，村（社区）干部占 20.75%。

---

\* 湖北省纪委监委案件监督管理室。

扎堆带动效应明显。2018年8月，襄阳市人大常委会原副主任王某某自动投案，成为湖北省监察体制改革后第一个自动投案的省管干部。在高压震慑、政策感召和典型案件的影响下，自动投案人员越来越多，扎堆带动效应逐渐显现。武汉、黄冈、襄阳、荆州4个市自动投案案件相对集中，自动投案人员共计64人，占全省的60.38%。如，黄冈市原副市长、市公安局原局长汪某某被查处后，该市公安局出入境管理支队支队长潘某某到市纪委监委自动投案，催生"多米诺效应"，短短20天内，该市公安系统共有7人自动投案。又如，荆州市荆州区巡察办进驻区司法局后，该局7名司法所所长受到震慑，一起到区纪委监委自动投案。

被迫投案占比较高。自动投案主要分两种情形：一种是组织未掌握违纪违法问题线索，个人受到震慑、警示和触动而自动投案；一种是相关的人和事被查，个人违纪违法问题线索已被掌握，或者违纪违法问题暂未被发现，但造成的后果和影响已经显现。调查显示，后一类被迫自动投案人员占比较高，占投案总人数的75.47%。如，十堰市中级人民法院环境资源庭庭长刘某涉嫌收受贿赂被立案审查调查，在市监委办理其留置措施相关手续期间，刘某自感组织掌握问题线索相对充分，于是到市纪委监委自动投案。

大多数投案人员能如实交代问题。调查显示，在106名自动投案人员中，有99人能如实交代自己的违纪违法问题，占93.4%。如，恩施州纪委监委派驻州检察院纪检监察组组长师某某自动投案后，除交代了组织已掌握的受贿问题外，还交代了组织未掌握的其他受贿问题及贪污问题。又如，监利县审计局会计兼出纳杨某某到县纪委监委自动投案，交代挪用单位公款问题。因其交代翔实具体，从其自动投案到纪委监委固定证据、查清相关问题，再到检察院依法予以逮捕，历时仅12个小时。不容忽视的是，极少数投案人员虽然选择自动投案，但到案后不如实交代，而是作出推诿或失实说明，或者交代问题避重就轻，甚至妄想以小博大。极个别投案人员交代问题后认为从轻减轻的处理结果未达到预期，甚至出现翻供现象。

# 有效做法

领导高度重视，不断夯实自动投案工作基础。全省各级纪检监察机关主要负责同志基本能做到政治清醒、头脑敏锐、反应迅速，对待自动投案问题线索，均能积极、细致、妥善做好案件办理安全、调查协调推进、司法有效衔接等工作。省纪委监委主要领导十分重视自动投案工作，对全省自动投案情况进行摸底调研、系统分析，要求从讲政治的高度妥善处理每一起自动投案案件，加大宣传教育力度，不断营造震慑效应。

保持高压态势，形成有腐必查的有力震慑。全省各级纪检监察机关坚持有腐必反、有贪必肃、有逃必追，持续保持反腐高压态势。2018 年，全省纪检监察机关处置问题线索 51539 件，同比上升 10.4%；立案 25571 件，同比上升 5.6%；处分党员干部 23770 人，同比上升 19.6%。全省监察机关累计依法留置 791 人，追回外逃人员 27 人，追回资金 1.5 亿元。在持续高压态势震慑下，全省 106 名党员干部自动投案，669 名党员干部在初核或审查调查期间主动交代违纪违法问题。

因人因事施策，确保处置精准。结合自动投案人员身心状态、性格特点、家庭状况、社会关系、交代问题等情况，分类研判，针对性处置。对只是违纪、不涉嫌职务犯罪的，尽快依纪依规作出处理。对虽涉嫌职务违法犯罪，但未造成较大损失、不适宜留置且认错态度较好、积极配合审查调查等情形的，在保证审查调查安全的前提下，侧重进行政策宣讲、心理减压，探索通过"走读式"谈话完成审查调查。对涉嫌严重职务违法犯罪、符合留置条件、存在重大安全风险的，集中力量，整合措施，及时开展讯问，果断采取措施调查。

科学运用政策，树立治病救人良好示范。坚持"惩前毖后、治病救人"，贯通运用监督执纪"四种形态"，对符合规定的依纪依法从轻减轻处理，起到了很好的示范作用。省纪委监委出台《关于准确有效运用"四种形态"的指导意见》，2018 年，全省共运用"四种形态"处理 47599 人次，运用第一、第二种形态共计占比 91.8%。其中，在目前已办结的 36 名自动投案人员中，依纪依法给予从轻减轻处理的有 30 人，占已办结自动投案人员的 83.33%。

扩大教育效果，营造迷途知返的社会氛围。全省各级纪检监察机关采用廉政广告、微视频、微电影、动漫等形式，营造廉荣贪耻的社会氛围。省纪委监委班子成员带队赴有关地方和单位宣布处分决定，对问题多发频发的单位或领域，收集整理相同类型的案件，召开专题大会进行通报，使处分决定由"一张纸"成为警示教育"一堂课"。如，石首市纪委监委在查办该市一社区党总支部原书记、居委会原主任成某某违纪违法案件中，及时开展警示教育，宣传自动投案政策，促使该社区 3 名相关人员自动投案。

# 存在问题

概念认识方面。"主动交代""自动投案""自首"适用范围、适用主体、影响等都不尽相同。"主动交代"是党纪处分条例规定的量纪情节，主体是"涉嫌违纪的党员"，所交代的是"自己的问题"，对严重违纪的党组织目前并未明确规定"主动交代"等可从轻减轻处罚。"自动投案"是监察法规定的建议从宽处罚情节，仅是对涉嫌职务犯罪的被调查人是否提出从宽处罚建议的考量因素，不涉及对单位犯罪的从宽处罚建议。"自首"是刑法规定的量刑情节，主体既包括自然人，还包括单位。在当前实践中，相关案件是否属于或具有主动交代、自动投案情形，由纪检监察机关认定；是否属于或具有自首情形，则由司法审判机关予以认定。如果认识模糊不准确，很容易处理失当，个别基层办案人员把握不准。

执行规范方面。从全省各地实际情况看，自动投案受理的责任部门、接待要求、处置程序等仍需不断完善相对统一的操作细则。如，自动投案人直接向纪检监察机关投案，纪检监察机关内部职责如何分工、该履行哪些程序、后续司法程序怎样操作，目前没有明确统一的规定；自动投案人向公检法等单位投案，纪委监委如何及时掌握案情、做好相互衔接、及时开展处置，也缺乏协调一致的制度规定。

办理难度方面。自动投案具有突发性、未知性等特点，相关部门可能未

213

掌握投案人员问题线索，缺少初步核实、前期调查等基础环节，短时间内取证有一定难度，给后续审查调查工作带来较大的不确定性。投案人员涉嫌严重职务违法犯罪、需采取留置措施调查，需要在极为有限的时间内完成立案、留置等一系列材料起草、上会研究、手续报批等工作，时间紧、要求高、难度大。

安全风险方面。办理自动投案工作过程中，投案人员交代的问题可能涉及其他人员，其自动投案往往会对其他涉案人员造成强大的心理震慑，导致其他涉案人员的安全风险难以预知，同时也增加了有效管控的难度。有的纪检监察机关处置自动投案，没有详细的处置方案和明确的安全预案，接待人员难确定、安全责任不明确、处置机制不健全等问题带有普遍性，给审查调查带来较大的不确定性和安全风险。

# 意见建议

制定自动投案办理工作规程。明确接待自动投案的具体责任部门、工作流程、注意事项和有关要求。自动投案应由信访举报部门归口受理，由 2 名以上的信访举报工作人员在来访接待专门场所负责接待，并将情况及时告知案件监督管理部门；对尚未掌握的问题线索，由投案人员自己撰写交代材料，案件监督管理部门提出分办意见后，再由相关承办部门依纪依法进行处置；对已经掌握的问题线索，及时通知原承办部门人员到场，依纪依法当场制作谈话笔录。

完善自动投案安全预案。结合投案人员身份、性格特征、家庭关系、问题性质、悔错态度等情况，制定有针对性的安全预案。对采取"走读式"谈话的投案人员，做好交接，保证对投案人员的相关安全措施运用到位，确保投案人员随时能够配合调查。组织定期家访，及时掌握思想动态。对采取强制措施的投案人员，在严格落实现有审查调查安全制度规范的基础上，进一步做好思想疏导和精神减压工作。严格落实保密工作纪律，严格控制知晓范围，减轻投案人员及其家庭成员的思想压力。

提升自动投案办理协作水平。推进自动投案办理信息互通共享机制建设，如有其他单位接受自动投案的，要及时按规定向相关纪检监察机关通报情况，便于纪检监察机关即时跟进、及时处置。强化不同类型措施运用的相互配合，对短时间内难以查清职务违法犯罪事实，但又涉及其他属公安机关管辖的违法犯罪行为的，协调公安机关依法处置，纪检监察机关同步开展初核，视进展情况决定是否采取留置措施。

# 第六部分
# 推进全面从严治党向基层延伸

# 一、确保监察监督向基层有效延伸覆盖 *

## ——关于派出监察室发挥作用情况的调研

十九届中央纪委三次全会强调，持续深化国家监察体制改革，把增强对公权力和公职人员的监督全覆盖、有效性作为着力点，全面贯彻监察法，把法定监察对象全部纳入监督范围。

当前，规范派出监察室工作，推动监察监督向基层延伸，不断深化基层党风廉政建设，是加强和完善基层治理的重要内容。2018年9月，重庆市委办公厅印发《关于区县（自治县）监察委员会向乡镇（街道）派出监察机构的指导意见（试行）》，要求全市各区县全面推开向乡镇（街道）派出监察机构的相关工作。近日，重庆市纪委监委成立调研组，围绕全市派出监察室的作用发挥情况开展调研。

## 当前派出监察室运行情况

业务管理模式。目前，全市各区县纪委监委主要有"三种模式"。第一种模式，将派出监察室等同于纪委监委机关内设机构，由区县纪委监委案件监督管理室交办问题线索，并以区县监委的名义开展工作。第二种模式，将派出监察室作为纪委监委机关与镇街纪（工）委之间的独立层级，对上接受区县纪委监委内设机构的工作安排，对下直接领导镇街纪（工）委的各项工

---

＊ 重庆市纪委监委调研组。

作。第三种模式，在履行监察职责时，派出监察室对上接受区县监委的指导和监督，对下领导镇街纪（工）委书记（派出监察室兼职副主任）、副书记开展监察工作；在履行纪律检查职责时，派出监察室不参与其中，镇街纪（工）委直接接受区县纪委的领导。

履行职责情况。派出监察室根据区县监委授权，依法对相关镇街公职人员进行监督、调查、处置和提出监察建议。一是履行监督职责情况。监督作为派出监察室的第一职责，各区县在监督内容及工作方式等方面做法不一，仍处于探索破题阶段。如，有的区县通过走访调研镇街、村社，现场接受举报、主动发现问题；有的区县以列席镇街党（工）委民主生活会及其他重要会议的方式进行监督；还有个别区县的派出监察室尚未正式开展日常监督工作。二是履行调查职责情况。在线索来源上，主要依赖于区县纪委监委交办问题线索；在调查权限上，主要是使用谈话、询问、查询和调取等不限制被调查人人身财产权利的调查措施；在工作程序上，派出监察室要接受区县监委的组织领导和审核批准，重大事项及时向区县监委请示报告。三是履行处置职责情况。主要是运用第一、第二种形态，采用函询、谈话等方式进行处置，对相关人员进行批评教育、诫勉谈话或组织处理。全市派出监察室自成立以来，共处置问题线索4800件次、立案870件、处分570人次。

工作保障情况。一是人员配备。按照有关规定，派出监察室各设主任1名，配备专职人员3—6名。派出监察室专职干部的工资、津贴补贴、办公经费和工作经费由区县纪委监委负责，办公场所、公务用车和工作用餐等由驻在镇街负责。二是业务考核。目前，大多数区县的派出监察室专职干部接受区县纪委监委考核，镇街纪（工）委书记、副书记作为派出监察室的兼职干部接受所在镇街考核，但未将其在派出监察室的工作表现纳入个人考核范围，只有少数区县将派出监察室专兼职干部纳入区县纪委监委统一考核。

村（居）监察监督员的相关情况。目前，全市各区县纪委监委积极落实村（居）监察监督员制度，选聘了数量不等的村（居）监察监督员，初步构建起覆盖区县、镇街、村社三级的监察监督网。

# 派出监察室运行中存在的问题

派出监察室是区县监委的重要组成部分，通过人员力量整合，不仅具有"派"的权威和"片"的优势，还具有比镇街纪（工）委更强的独立性，监督的震慑作用明显增强。但是，派出监察室的运行时间较短，各方面工作都在探索实践中，仍然存在不少问题。

职责定位不准，业务流程不规范。一是层级关系不明确。一些派出监察室作为区县纪委监委内设机构，大多是接受指定的任务安排，未能真正独立履行监督第一职责，很难全面掌握归口片区的政治生态情况。二是职责权限不清晰。派出监察室与区县纪委监委监督检查室、镇街纪（工）委在监督职责、监督对象等方面存在重叠，相关规章制度未作出明确规定，职责定位有待进一步细化明确。此外，各区县派出监察室普遍存在业务流程不规范的问题，未能形成成熟的制度性规定。

监督工作相对滞后，发现问题的能力较弱。一是主动监督的意识不强。当前，派出监察室的主要工作方式仍是调查处置问题，且依赖于区县纪委监委的交办线索，主动开展监督发现问题的意识较弱。二是监督内容及方式不明确。目前，在市级层面未出台具体规定的情况下，各区县派出监察室对监督职责的内涵和外延缺乏明确的认识，监督方式较为单一。三是与归口镇街党委、政府的沟通衔接不顺畅。个别区县派出监察室与归口镇街之间没有建立高效顺畅的沟通机制，对党委、政府的重要会议、重大决策不知情，对具体工作情况缺乏了解，对当地政治生态分析研判欠缺，未能全面掌握"树木"与"森林"的具体状况。

工作保障不够有力。一是编制岗位和人员力量不足。个别区县的部分派出监察室只配备一名主任和兼职副主任，无其他专职人员。在现有工作人员中，大部分未从事过纪检监察工作，对党章、党纪处分条例和国家监察法等党纪法规不熟悉，能力素质、业务水平与工作要求还有明显差距。二是兼职人员考核制度不科学。目前，镇街纪（工）委书记、副书记作为派出监察室的兼职人员，其在派出监察室的工作表现未纳入年度考核范围，部分镇街纪

（工）委书记认为自己仅是派出监察室兼职副主任，在配合工作上不上心、不尽责，更多地依靠派出监察室主任打"个人感情牌"。

村（居）监察监督员管理制度需要进一步完善。村（居）监察监督员普遍年龄较大，政治素养、文化水平较低，工作任务和履职方式不明确，日常管理较为松散，作用发挥不够理想。

# 有力有效发挥派出监察室作用

找准职责定位，规范业务流程。首先，明确派出监察室的镇街监察机构定位。派出监察室是对镇街原监察部门的集中整合，在职责权限和监管对象等方面只有量的增加，没有质的突破，其职责定位仍然属于镇街的监察机构，应当接受区县监委内设机构的直接领导。其次，建立由派出监察室主导的联合工作模式。在实际工作中，派出监察室应当与相关镇街纪（工）委联合开展工作，共同提取证据材料，并以双方名义形成报告、报送审签，实现纪律检查和监察职能的无缝对接。在联合工作模式下，由派出监察室统筹安排工作任务和人员力量，必要时可以在不同镇街之间开展异地监督；镇街纪（工）委应当服从派出监察室的指导和安排，在纪检监察工作中保持思路统一和步调一致，有效提升纪检监察工作效能。再次，规范业务流程。结合监察机关监督执法工作规定等制度要求，进一步理顺信访举报受理、问题线索处置、技术调查、涉案款物管理、立案审查调查、移送审理和处分执行等方面的业务流程，细化涉嫌犯罪的、须留置的、超出干部监督权限的问题线索移送等方面的审批程序，明确派出监察室在监督、调查过程中重大事项请示报告制度，不断推动派出监察室履职规范化、制度化。

切实履行监督第一职责。各区县纪委监委要结合实际出台制度规定，强化监督意识，将日常监督明确为派出监察室的第一职责，厘清派出监察室的"三个清单"。在监督对象上，明确监督归口镇街干部、聘用人员，村（居）、社干部以及其他依法履行公职的人员；在监督内容上，明确对归口镇街行使公权力的公职人员在依法履职、秉公用权、廉洁从政及道德操守等方面进行监督；在监督方式上，明确列席重要会议、开展专项监督、走访调研、处置问题线索和研判政治生态等工作方式，主动收集社情民意，回应群众诉求，打消群众在当地干部面前不好说、不敢说的顾虑，将"派出"的制度优势转化为实际的治理效能。同时，建立健全派出监察室与归口镇街之间的沟通衔接机制，镇街党委、政府的重要会议和重大事项应当及时向派出监察室报告，积极主动接受监督，强化二者之间的监督与被监督关系。

强化工作保障，提升人员业务水平。在后勤保障方面，明确各个镇街纪（工）委的工作经费保障额度，制定统一的软件和硬件建设制度，派出监察室统筹管理调度该片区谈话室和录音录像等设施设备。在人员培训方面，要做好全员培训、系统化学习，坚持原原本本学党章法规，通过开展系列专题讲座的方式，对国家监察法、党纪处分条例、监察机关监督执法工作规定等法规，以及脱贫攻坚、工程建设和招标投标等重点领域进行讲解。同时，有序分批安排派出监察室干部到上级纪委监委机关跟班锻炼，针对谈话、讯问、询问等监察措施的运用进行实战技巧培训，不断提高派出监察室干部的工作能力水平。在业务考核方面，各区县纪委监委要结合实际情况，完善纪检监察干部年度综合考核评价办法。

严格村（居）监察监督员管理工作。各区县纪委监委要结合实际出台统一的制度规定，强化派出监察室对村（居）监察监督员人选的审核、考察和报批等职责，明确监察监督员职责内容和工作方式，建立定期沟通、任务安排和情况收集等机制，充分发挥村（居）监察监督员的基层"探头"作用，加大举报信息收集力度，把日常监察监督做实做细，打通监察监督的"最后一公里"。

# 二、为国企健康发展提供坚强纪律保障 *

## ——关于构建国有企业权责监督体系的调研

国有企业是我国经济发展的重要力量，是中国特色社会主义的重要物质基础和政治基础，是我们党执政兴国的重要支柱力量和依靠力量。国有企业的管党治党工作，是全面从严治党的重要组成部分，国有企业权责监督体系是否健全、管党治党是否有力有效，直接关系到全面从严治党大局，关系到党对国有企业的领导水平，关系到国有企业能否实现高质量发展。

近日，贵州省纪委监委成立课题组，同省纪委监委派驻省国资委纪检监察组一道走访调研，就如何发挥好监督第一职责，推动构建国有企业权责监督体系进行研究思考。

## 国有企业权责监督状况及特点

党的领导不断增强，但权责不一的倾向依然存在。全省国有企业特别是省属国有企业贯彻落实省国资管理部门加强党的建设的制度措施和工作部署，把党委会作为董事会、经理层决策重大问题的前置程序，推动将党建工作纳入企业章程，健全完善民主集中制、"三重一大"等相关规章制度，党对国有企业的领导不断得到加强。总体上看，全省国有企业特别是省属国有企业的权力行使和责任履行较为充分，但在管党治党、加强党的建设上，依

---

* 贵州省纪委监委课题组。

然存在不同程度的缺位、不到位的问题，存在上级单位全面从严治党责任意识较强、下级单位较弱的情况，部分企业在"两个责任"落实上存在相对乏力的问题。

内控平衡不断加强，但一把手权力集中的现象依然存在。各级国有企业特别是省属国有企业，在重点监管上，内部均实行了分工合作、集体决策机制，围绕资金管理、物资采购、重点人事等重点领域和关键环节，采取有力措施严防权力垄断和寻租；在内控制约上，企业内部权力决策机构、监督机构和管理层之间的关系相对明晰，"三重一大"事项均经过集体决策，按照制度规定经过党委会决定或前置审议后再执行并落实。但从实践角度来看，部分国有企业依然存在一把手权力过于集中的现象，一旦肆意妄为，则民主集中制、"三重一大"决策机制势必将受到破坏。调研发现，权力过于集中也容易出现为官不为的问题。如，有的省属国有企业所有决策议题均提交党委会决定，将责任相对也前置给了党委会，出现了"行政推、党委揽"的现象。

从严监管不断强化，但监督乏力的问题依然存在。各级国有企业党组织和纪检监察机构均能够持续加强对重点领域的监督检查，整合各方面监督力量，强化对制度贯彻落实过程的监督制约，普遍开展了对利用职务便利进行利益输送问题的专项清理行动，普遍针对公车私用、干部外出报备、报销流程等问题开展了监督检查，对发现存在的问题能够及时调整修正。但调研发现，对国有企业权责运行"监督乏力"的问题依然不同程度地存在，主要体现在上级对下级的监督打折扣，国有企业纪检监察机构监督手段不多或效果不突出、不敢不愿甚至不会监督。

## 国有企业权责运行问题原因探析

对国有企业领导干部个体而言，在认识论上存在"知而不行"的问题。少数国有企业主要领导干部特别是子公司管理层不能充分认识全面从严治党中"两个责任"贯通协同、形成合力的政治要求，没有把监督责任放在主体责任的同等位置上来抓。有的企业领导干部还存在重业务、轻党建的思想，认为监督太严会打击经营管理人员的积极性，对纪委工作表面上支持，实际工作中则有意弱化。

对国有企业决策层整体而言，在实践论上存在"行而不至"的问题。全省国有企业特别是省属国有企业决策层相对重视风险防控、权责监管，有的在企业内部开展了巡察工作，定期不定期地对子企业班子运行情况、子企业一把手履职情况开展监督检查，但一些企业由于本身存在的站位不高、重业务轻党建等问题，导致许多工作有部署有推动但是落实效果不明显。有的企业纪检监察机构对自身职责定位不明确，不能把中央和省委相关要求与企业实际结合起来，仅限于上面要求什么就干什么，推一推，动一动，不推不动。

对权责监督制度体系设计而言，在方法论上存在"预而不周"的问题。纪检监察机关查处的涉及国有企业的一系列案件证明，全省国有企业权责监督体系不是没有，而是"预而不周"，制度建设前瞻性不够、操作性不强、科学性不够等问题比较突出。国有企业的制度建设滞后于企业改革发展的需求，往往是事后堵漏建制的多、事前预防的少；各方面的制度机制不是没有，而是很多，问题在于执行落实不到位。

## 构建国有企业权责监督体系的对策建议

在主体上，要用好"四个力量"。一是用好上级力量。要进一步加强党对国有企业的领导，加强行业主管部门对国有企业的领导和管理，处理好放、管、服之间的关系，既要管人员，也要管资本，既要管结果，也要管过程。要充分发挥巡视利剑作用，对国有企业党组织开展专项巡视、"回头看"巡视，确保利剑高悬。二是用好同级力量。国有企业纪检监察机构要强化使命担当，切实用好纪律检查建议、监察建议这一监督手段，探索开展交叉检查督导，避免自己检查自己、自己描述自己而导致监督失效。着力发挥好党内政治生活这一锻造党性的"熔炉"，要自觉用好批评和自我批评的武器，推动抓早抓小落细落实。三是用好专业力量。要分门别类增强专业力量，审慎外请专家参与专业化监督，运用好研讨评估，充分进行论证，提高党委会前置等决策程序科学性。四是用好群众力量。坚持和完善以职工代表大会为基本形式的国有企业民主管理制度和企务、党务公开制度，落实企业领导班子和主要负责人向职工代表大会报告履行职责和廉洁从业情况，充分发挥普通党员和职工群众的民主监督作用。

在方式上，要实行"四类监督"。一是过程化监督。推动国有企业纪律监督常态化、过程化，加强事前、事中、事后的全过程监督，对掩盖问题线索、肆意行权等违纪违法行为，做到早发现、早制止、早查处，形成有效震慑。二是针对性监督。要推动监督从"一锅烩"模式向"点单"模式转变，要针对某一领域易发频发的问题，开展有针对性的专项检查，要加强防范因方向太多、内容太杂，导致视线被转移、问题被遮盖、线索被误导。三是专责性监督。着眼于全面从严治党这个大局，用好纪律规范，用足法律规定，把握好国有企业权责监督体系构建中的"纪"与"法"、"内"与"外"、"政"与"党"之间的关系，做到监督有理、监管有序、监察有力。四是内控性监督。健全权力运行制约的工作机制，紧盯企业决策权、执行权、监督权，完善议事决策制度，形成党的统一领导，党组织与董事会、经理层等公司治理主体各司其职、各负其责、协调运转、有效制衡的公司治理机制，建立健全问题预警机制，推动监督关口前移。

在重点上，要盯紧"四个关键"。一是盯紧"关键节点"。要盯紧工作时间节点、重大项目节点、生产经营节点及重大节假日，利用"大数据"平台，进行经常性的行权用权、履职尽责、廉洁自律提醒，针对日常决策、干部任免、信访反映等重要环节，对苗头性、倾向性问题，有针对性地开展谈话。二是盯紧"关键少数"。紧盯领导班子、班子成员、主管中层管理人员、子公司领导权力清单和责任清单，着力解决行权过程中任性、责任落实过程中虚化空转的问题。三是盯紧"关键岗位"。聚焦国有企业财务资金、物资采购、市场营销、合同分包、成本管控、安全质量等职权相对集中的重点部门、关键岗位负责人，加强日常教育管控，开展经常性的廉洁从业谈话，强化底线意识。四是盯紧"关键领域"。把查处国有企业管理人员的不正之风和腐败问题作为重要任务，聚焦六项纪律尤其是政治纪律、落实中央八项规定精神、国家法律和相关规定，将国有企业重点项目运营、重大资金使用等腐败问题易发多发领域作为重点，经常性开展针对具体问题的监督检查。

在探索上，要创新"三个工作"。一是深化国有企业纪检监察体制改革。一方面，推动"两个责任"和"三转"不断深化落实，推动派驻监督全覆盖。理顺省国资委纪检监察组与省属国有企业纪委之间的领导关系，推动国有企业党委和纪检监察机构自觉肩负起管党治党的政治责任。另一方面，推进省属国有企业监察监督全覆盖，赋予省属国有企业纪检监察机构监察职能，实现纪律监督、监察监督有效覆盖。二是全面开展国有企业巡察工作。可由主管部门牵头，派驻纪检监察组协助，成立专门机构，比照省委对省属国有企业的巡视，对省属国有企业开展定期不定期巡察，综合利用"回头看"、专项巡察等方法，发现问题线索，形成持续震慑。三是探索开展国有企业合规管理指引。建立由专业部门牵头，相关部门共同参与、齐抓共管的工作体系，帮助企业化解风险，实现企业管理体系再造。

# 三、推动高校全面从严治党向纵深发展 *

党的政治建设是党的根本性建设。高校党组织作为党的一级基层组织，其政治建设事关高校的发展方向，事关能否培养"中国特色社会主义事业的建设者和接班人"这一根本性问题。党的十八大以来，以习近平同志为核心的党中央高度重视教育事业，切实强化党对高校的全面领导，不断推动高校全面从严治党向纵深发展。

2018年以来，四川省纪委监委成立课题组，通过查阅资料、个别访谈、问卷调查等形式，对四川省中管高校、部属院校、省属高校及部分高职高专等45所高校进行了专题调研督查，结合中央和省委巡视反馈意见以及平时工作中掌握的情况，对高校党风廉政建设和反腐败工作情况进行分析研判。

## 存在问题

全面从严治党存在盲区。一些高校党的领导弱化、党的建设缺失。有的对全面从严治党的重要性和复杂性认识不足、担当不够，抓教学科研"踩油门"，抓党风廉政建设"挂空挡"，模糊了两个责任的边界。有的抓政治建设立场不坚定、态度不鲜明，党内政治生活不够严肃，政治理论学习流于形式走过场。有的党委领导下的校长负责制未得到有效遵循，党委对"三重一大"事项把控不够。有的党组织领导核心作用发挥不明显，部分二级院系党委

---

* 四川省纪委监委课题组。

（总支）书记"说话没人听、办事没人跟"。有的对意识形态领域斗争的尖锐性、复杂性没有足够重视，落实意识形态工作责任制存在薄弱环节。

减存量遏增量任务繁重。目前，高校腐败问题"减存量"的压力仍在，新发生的违纪违法行为仍有增长。反映高校领导干部的问题线索还在增多，立案查处的高校违纪违法案件呈上升态势。被查处的高校干部层级覆盖面较广，自高校党政正职到中层干部再到普通教职员工均有涉及。其中，涉及高校一把手的违纪问题线索数量居多。基建、后勤、采购领域发案最为集中，选人用人、招生就业、学术科研等领域仍存在大量的廉政风险，校办企业、联合办学、公共资源分配等领域的廉政风险问题日益显现。部分违纪问题呈现出较强的隐蔽性和变异性特征，交换式、期权式腐败手段花样翻新。

纪律建设相对滞后。部分高校对纪律建设重视程度不够，普规普纪、纪律规矩宣传教育等基础性、经常性工作不扎实，内部教育监督管理较为松散，监督执纪问责力度不够，没有在校内形成遵规守纪的浓厚氛围。部分干部"重专业、轻纪法"的思想较为突出，对政治理论、纪法知识的学习主动性、积极性不够，对纪法知识掌握了解不多，主动接受监督的意识不强，有的甚至出现思想滑坡、纪律淡漠和行为逾矩等问题。个别高校干部和教职员工还存在师德学风失范问题。

纪检监察工作基础薄弱。部分高校纪委"三转"不够彻底，部分高校的纪检监察工作长期被视为"偏门""冷门"，纪检监察人员力量配备不足、干部结构不合理、专业素能较为欠缺。部分高校纪检监察机构不敢监督、不愿监督、不善监督的问题仍然存在，有的日常执纪问责工作不规范，有的自办案件力度不足，有的缺乏对重大事项、关键环节、重点岗位的有效监督手段，未能充分发挥监督震慑作用。个别高校纪检监察干部还存在作风不实、律己不严的问题，甚至压案不查、以案谋私。


# 原因分析

政治意识不强，担当精神不够。上述问题的存在，首先反映出部分高校党委、党员领导干部的政治站位不高、政治意识不强，对新形势新要求的认识不足，对高校党风廉政建设和反腐败工作的重要性和复杂性认识不到位，仍存有"重专业轻纪法、重个性轻监督、重学识轻常识"的认识误区。同时也反映出，部分高校干部尤其是个别高校主要领导干部的责任意识不强、担当精神不够，没有真正树立起不抓党风廉政建设就是严重失职的意识，也没有真正认识到"有权必有责、有责要担当"，割裂了权力与责任、岗位与职责之间的关系，导致主体责任落实层层缺位，压力传导层层递减。

廉洁风险凸显，内部防控松散。近年来，随着高等教育大发展的形势，扩招扩建、并校升格以及办学自主权扩大等，客观上导致高校领导干部和一些手握实权的高校干部权力膨胀，进而滋生大量的廉洁风险。与此对应的，高校内部环境及权力运行机制相对较为封闭，内部风险防控管理制度跟不上形势发展，加之高校固有的师承体系、学派流派等特质，监管难度进一步增大、监督力量进一步削弱。尤其是党委领导下的校长负责制在个别高校异化变味，"三重一大"集体决策制度未能得到有效遵循，个别高校一把手权力制约失衡，继而引发"破窗效应"，严重影响所在高校的政治生态。

履行职责不力，监督条件受限。一方面，有的高校纪检监察部门对自身履行专责监督的定位认识不清、把握不准，"随波逐流"进而"荒了责任田"。另一方面，高校纪检力量配备、经费预算、干部的选任交流、考核晋升等受所在院校党委及相关部门影响，且相当数量的高校纪检监察干部甚至纪委主要负责人出自本校推荐，纪检监察部门缺乏监督的主动性、独立性和权威性。此外，各级纪检监察机关、驻主管部门纪检监察组对高校纪检部门的领导、指导关系不够明晰、职责不够明确，在常态长效开展对高校纪检监察部门的专业指导和帮带、开展对高校纪检工作的督促和检查等方面还存有一定的差距。

## 对策建议

强化重点整治和常态督促，推动主体责任层层落实。一方面，集中整治责任落实不力问题。根据调研督查或日常监督掌握的情况，采取"点对点"形式通报问题并督促整改。对问题突出的重点院校，集中约谈其党委书记、校长、纪委书记，压紧压实"关键少数"的权责意识，形成"头雁效应"；结合中央、省委最新精神及要求，赴各院校开展宣讲辅导，督促高校党委、党委书记及其他中层以上领导干部准确把握形势、保持政治定力，切实强化责任意识和使命担当。另一方面，指导高校纪检部门通过督促完善党风廉政建设责任清单，对任务落实情况进行督办，坚持定期汇报等机制，确保高校党委、党委主要负责人及领导班子成员知责明责、履职尽责；通过参加或列席有关会议，通过高校党组织主要负责人述责述廉，通过对督查发现问题的严格问责，压紧压实高校各级党组织的主体责任，形成工作压力层层传导、责任环环相扣的落实体系。

强化纪律规矩意识，增强高校行动自觉。认真履行纪检监察机关职责，强化政治监督，推动高校党委始终坚持以党的政治建设为统领，切实加强党的全面领导，向一切将党的建设虚化、弱化、边缘化问题作斗争。结合当前开展的"不忘初心、牢记使命"主题教育，督促推动高校引导党员干部尤其是中层以上领导干部强化理论学习，牢记党的宗旨、坚定理想信念、忠诚履职担当。督促推动高校纪律教育，重点在高校党员干部和公职人员中开展纪律规矩学习教育，切实增强各级干部的规矩意识、纪法意识。督促高校党委、纪委准确理解和把握监督执纪"四种形态"，尤其是督促高校党委运用好"第一种形态"，及时做好对苗头性、倾向性问题的约谈提醒、批评教育。密切关注"四风"问题，督促高校党委和纪检部门排查整治形式主义、官僚主义问题，严肃查处师德师风失范等行为。

强化监督责任落实，持续形成有力震慑。主动对标对表，不断创新和完善高校纪委领导体制和工作机制，确保高校纪检体制改革各项任务落地落实。积极探索在省属高校开展纪检监察体制改革试点，由省纪委监委向省属高校派驻纪检监察组，直接领导、统一管理，规范机构设置、优化组织架构、择优充实人员、抓好履职保障及考核激励等，促进高校纪检监察工作内涵式发展。深化"三转"，强化高校纪检监察部门履行监督专责的归位意识，督促其回归主责主业，加强对学校领导班子及成员、中层党政正职履行职责、行使权力的日常监督，加强对风险集中领域和关键环节的重点监督和专项监督，加强问题线索处置及自办案件的查办力度。强化对高校纪检监察工作的指导、检查和督促，督导高校纪检监察部门稳妥有效处理信访举报问题线索，提高问题线索综合研判及分类处置能力，规范开展谈话提醒、约谈函询等基础性工作。

强化工作机制建设，夯实高校纪检监察工作基础。积极推进高校片区协作制度和校地统筹联动工作机制，建立高校纪检监察干部人才库，开展校际"交叉执纪"和校地"联合执纪"，应对"熟人社会"的监督难题。强化归口联系，由省纪委监委确定一个监督检查室负责联系高校纪检监察工作，强化对高校纪检监察工作的综合协调，增强对高校受理信访举报、线索处置、案件调查、案件审理等基础工作的指导、检查和督促。畅通信息渠道，在制发重要文件、召开重要会议时邀请高校党委和纪检监察部门参加，解决高校推进全面从严治党的"信息孤岛"问题。抓实教育培训，将高校纪检监察干部培训纳入省纪委监委机关教育培训整体规划，在组织调训、实战轮训、跟案学习、专项培训中统筹考虑、一体推进；立足高校纪检监察工作实际及干部队伍素能实际，分类分批次组织对高校纪检监察干部的业务培训，增强培训的针对性和实效性。编印高校纪检监察实用手册，统一重要文书范本等，指导高校纪检监察工作科学、规范、有序开展。

# 四、推动全面从严治党在企业高校落地生根 *

## ——关于省管企业和省属高校纪检监察组织建设情况的调研

为探索加强对省管企业和省属高校监督的有效途径，推动全面从严治党和反腐败斗争向纵深发展，近日，海南省纪委监委组织部成立课题组，围绕省管企业、省属高校纪检监察组织建设情况开展了专项调研，力求精准发现问题，为推动省管企业和省属高校纪检监察体制改革提供对策，切实压实、压紧省管企业、省属高校全面从严治党责任。

## 监督执纪问责有效推进

目前，海南省共有省管企业 12 家、省属高校 10 家。省管企业、省属高校本级党员人数 14140 名、监察对象 7551 名，下属单位党员人数 37422 名、监察对象 21080 名。目前，12 家省管企业（不含下属单位）共配备纪检监察干部 674 名，其中专职 80 名、兼职 594 名。10 家省属高校中，现有纪委书记 7 名、副书记 5 名、委员 37 名，配备纪检监察干部 140 名，其中专职 41 名、兼职 99 名。据统计，2017 年以来，省管企业和省属高校纪检监察机构共受理信访举报 803 件、749 人，处置问题线索 687 件、648 人，初核 371 件、375 人，立案 91 件、130 人，问责 34 件、57 人。

从违纪违法类别来看，省管企业和省属高校受到党纪处分的人员中，

---

* 海南省纪委监委组织部课题组。

违反政治纪律的占 2.24%，违反组织纪律的占 5.22%，违反廉洁纪律的占 32.83%，违反工作纪律的占 20.89%，违反生活纪律的占 1.49%，违反国家法律法规的占 42.54%。受处分人员中，违反多项纪律或者违纪同时违反国家法律法规的占 5.21%。

从主体职级构成来看，省管企业和省属高校受到党纪处分的人员中，厅级人员 6 名，占 4.48%；处级人员 31 名，占 23.13%；其他人员 97 名，占 72.39%，违纪人员主体在基层。

从案件形态构成来看，省管企业和省属高校违纪违法人员中，受到党内警告或者严重警告处分的 82 人，占 61.19%；受到撤销党内职务或者留党察看处分的 19 人，占 14.18%；受到开除党籍处分的 33 人，占 24.63%，其中，受到开除党籍处分并被追究刑事责任的 11 人，占 8.21%。

# 当前存在履职不充分的问题

组织建设比较薄弱。一是机构设置不规范。省管企业、省属高校内设纪检监察机构设置不完善、不规范，部分省管企业、省属高校未按规定设立纪委，监督还未实现全覆盖。二是人员配备不科学。部分省管企业纪检监察机构人员配备比较随意，专职纪检监察干部配备不足，专职从事纪检监察工作的人员与党员的比例为 1∶305，与监察对象的比例为 1∶209。三是落实"三转"不到位。部分省管企业、省属高校纪检监察机构与审计、工会、监事会或者党政办合署办公，有的纪委书记身兼数职，或多或少地存在偏离主业的情况。

体制机制尚不健全。一是权威性独立性不强。省管企业、省属高校纪委实行省纪委和所在单位党委双重管理体制，但调研发现，一些纪检监察机构受所在单位环境影响，在实际工作中仍以所在单位党委领导为主，监督效果不佳。二是工作机制不够顺畅。部分省管企业、省属高校重业务、轻党建，部分纪检监察机构在监督执纪问责过程中遇到重大问题、重要事项，在向省纪委监委及时沟通汇报以及如何在上级纪委指导下开展工作等机制不够顺畅，监督执纪效果没有充分发挥。

职能作用发挥不佳。一是主体责任落实不到位。有些省管企业、省属高校领导没有把监督责任放在主体责任的同等位置上来抓，认为监督责任完全是纪委的事，个别人甚至给纪委履行监督责任设置障碍。二是监督存在"宽松软"的现象。不敢监督、不会监督，对单位领导尤其是领导班子成员存在的问题，该提醒的不提醒，该批评的不批评，该约谈的不约谈，监督流于形式。三是职责权限有所限制。目前省管企业、省属高校纪检监察机构只能履行部分纪检监察职能，履职不够充分。

干部队伍有待加强。一是专业素质不强。省管企业、省属高校纪检监察人员多数是半路出家，纪检监察相关专业人员的比例不足10%，很多干部缺乏系统培训，对纪检监察新任务新要求掌握不准确不全面。二是普遍存在本领恐慌。有相当数量的干部对纪检监察体制改革和新时期纪检监察业务的理解掌握有限，发现问题和处置问题能力有待加强，至今仍有部分单位纪委"零立案"。在案件查办方面，一些干部在调查取证、谈话突破等工作上还缺乏必要的工作经验和能力，导致线索处理不及时、不科学，特别是遇到相对复杂的违纪违规问题，在调查、定性、量纪过程中还存在较大困难。三是干部作风有待加强。部分省管企业、省属高校纪检监察干部认为自己不是"正规军"，工作作风、组织纪律有所松懈，有的甚至出现"灯下黑"问题。

## 推动全面从严治党责任落地生根

健全领导体制和工作机制。建立省管企业、省属高校纪检监察工作在省纪委监委领导下，省纪委副书记、监委副主任分管，相关职能部门分工负责、协调配合，省纪委监委相关派驻纪检监察组协助推进的工作机制。省纪委副书记、监委副主任定期或不定期地约谈省管企业、省属高校主要负责人，督促其正确履行职责，压实党委主体责任；省纪委监委相关对口联系部门要经常约谈省管企业、省属高校纪检监察机构主要负责人并听取工作汇报，定期召开会议研究部署省管企业、省属高校纪检监察工作，按要求组织开展政治生态调研。进一步规范省管企业、省属高校纪检监察组织机构设置，建立健全相关纪检监察机构，规范编制职数，配齐配强人员，由省监委派出监察机构，实现对省管企业、省属高校行使公权力的工作人员监察全覆盖。

增强监督机构权威性独立性。一是严格落实提名考察办法，省管企业、省属高校纪检监察机构主要负责人实行交流任职。落实查办腐败案件以上级纪委领导为主的要求，线索处置和案件查办在向所在单位党委报告的同时必须向省纪委监委报告。二是严格落实"三转"要求。省管企业、省属高校纪检监察机构主要负责人担任所在单位领导班子成员，不兼任其他职务或分管其他工作。三是推动落实"两个责任"。进一步细化省管企业、省属高校纪检监察机构工作职责，明确监督责任，找准自身职责定位，切实推动党委主体责任履行到位。认真甄别系统内行使公权力的人员，全面摸清监察对象情况，明确监察范围，做到底数清、情况明、数字准，为行使监察权限，依法开展监察监督奠定基础。

建立沟通协作机制。整合省管企业、省属高校纪检监察资源，由省纪委监委统一指挥，按照"一案一授权""一事一授权"的原则开展监督检查或者审查调查，集中火力查处违纪违法案件。建立指定管辖办案制度，减少办案阻力，提高办案效率。完善审理工作机制，解决省管企业、省属高校案件审理质量不高、把关不严的问题。对于一些省管企业、省属高校急需但难以充分授权的调查措施，明确省管企业、省属高校纪检监察机构可直接到所在地方纪委监委开具调查文书权限，解决调查取证难、手续烦琐等问题。省纪委监委要强化对省管企业、省属高校纪检监察机构工作的管理、指导和监督，做到经验共享、难题共解，相互促进、共同提高，确保沟通协作机制灵活畅通。

严把选人用人关口。一是选好配强领导班子。用足用活提名考察权，拓宽选人用人视野和渠道，注重从履行全面从严治党主体责任、监督责任表现突出的优秀干部中选拔人才。二是严把干部入口关。省管企业、省属高校纪检监察干部入职、调动要向省纪委监委报备，要注重从公、检、法以及审计、财政、税务等部门中选任专业化突出的干部。三是加大交流轮岗力度。

进一步明确省管企业、省属高校纪委书记、副书记不得在同一岗位任职超过两届。要畅通干部进出口通道，构建干部系统内外交流循环机制。

加强干部能力建设。按照分级分类和全员培训的原则，采取专题学习、交流座谈与自主学习、集中培训、理论考试、实战比武相结合等方式，加大挂职锻炼和干部跟班学习力度，着力提升省管企业、省属高校纪检监察干部的能力素质和业务水平。坚持严管厚爱，从政治上、工作上、生活上关心爱护省管企业、省属高校纪检监察干部，在符合相关规定的情况下，尽可能地把其纳入省纪委监委统一管理，破除其被边缘化的惯性思维。加强监督管理，在纪律作风方面，省管企业、省属高校纪检监察干部与纪委监委机关干部统一标准，没有例外，严防"灯下黑"。

健全绩效考核制度。把省管企业、省属高校纪检监察机构纳入省纪委监委部门的绩效考核范围，制定相应指标进行考核。省管企业、省属高校纪检监察机构主要负责人由省纪委监委会同省委组织部进行考核，考核结果与任免、薪酬、奖惩等事项挂钩。督促省管企业、省属高校纪检监察机构建立完善内部绩效考核工作制度，一般干部的考核、培训、奖惩等工作由企业、高校自行负责。

# 五、围绕职责定位维护群众切身利益 *

## ——关于基层纪检监察机关开展信访工作的调研

《中国共产党纪律检查机关监督执纪工作规则》第二十条规定："纪检监察机关应当加强对问题线索的集中管理、分类处置、定期清理。信访举报部门归口受理同级党委管理的党组织和党员、干部以及监察对象涉嫌违纪或者职务违法、职务犯罪问题的信访举报，统一接收有关纪检监察机关、派驻或者派出机构以及其他单位移交的相关信访举报，移送本机关有关部门，深入分析信访形势，及时反映损害群众最关心、最直接、最现实的利益问题。"

为贯彻落实监督执纪工作规则精神，以"政治办信"凸显信访举报工作在全面从严治党中的独特作用，近日，云南省昆明市纪委监委信访室围绕"信访举报突出问题专项整治"，对昆明市 14 个县（市、区）纪检监察机关的信访工作情况开展了专题调研。

## 基层信访工作实践

职能责任明晰。昆明市各级纪检监察机关信访室聚焦"受理和办理对党员、党组织和监察对象违反党纪和职务违法犯罪问题检举控告"的主责主业，认真落实云南省纪委《纪律检查机关监督执纪工作实施细则》的相关要求，确保信访工作不越位、不缺位、不错位。部分县（市、区）制作纪检监察机

---

\* 云南省昆明市纪委监委信访室。

关信访举报指南，将受理范围、工作流程、来访人须知、如何书写举报信等方面内容制作成简单明了的宣传册，引导群众高效便捷举报。

场所建设稳步推进。建设覆盖纪检监察系统的检举举报平台，是党的十九大报告明确指出的政治任务。各级纪检监察机关严格按照群众来访接待室规范化建设规定要求，积极稳妥推进来访接待室规范化建设的各项工作。截至目前，14 个县（市、区）纪委监委群众来访接待室全部完成改造升级并投入使用。

问题化解深入扎实。认真落实上级部门关于集中开展解决信访举报突出问题专项整治工作的相关要求，对部分涉纪涉法、群众反映强烈、社会关注度较高的具有典型性和代表性的信访突出问题，实行领导包案督办，确保群众反映问题得到及时处理和有效解决。部分县区探索建立纪检监察、政法及政府相关部门联合处置信访举报突出问题的信访听证工作机制，取得了良好的政治效果、纪法效果和社会效果。坚持重心下移、力量下沉，对反复多次举报、久拖不决的疑难复杂问题进行挂牌督办，每月对承办单位化解进度进行督查，着力推动问题解决到位。

常态化开展监督检查。坚持日常督促和集中检查相结合，建立督促检查常态化机制，层层传导责任和压力，推动信访件及时规范办理。为确保信访举报"件件有着落，事事有回音"，制定检举举报件闭环管理办法，精准把牢"受理入口"，以分流转办、办结归档两头为抓手，从严规范管理信访举报件的受理、登记、转办、处置、跟踪督办、归档等环节。部分县区采取重点监督和日常监督相结合，对存在的问题以书面形式进行反馈；重点监督采取发督办通知、分管负责人口头督促或直接提级办理，取得较好的效果。

# 当前存在的突出问题

部分领导重视不够。个别单位领导把工作重心主要放在查办案件上，对信访工作重视程度不够。有的把信访工作简单、片面地认同为群众接访工作，安排年龄较大、性格平稳的同志从事，与新时期建设高效信息化检举举报平台工作不相适应。

干部结构不够合理。调研发现,全市纪检监察信访工作人员的平均年龄虽然在合理区间,但两极分化严重,个别县区存在干部年龄偏大、结构断层的问题。此外,一些县区纪检监察机关信访举报工作聚焦主业不够。部分信访室主任(负责人)长期兼任地方相关专项工作负责人,精力分散严重;一些县区纪检监察机关信访室工作人员长期被抽调参与巡察、专案、扶贫等工作,存在人手不足、线索积压的现象。

业务范围外信访量居高不下。纪检监察机关在得到群众信任的同时,也让部分群众产生误解,认为只要纪委监委介入,很多问题就能解决,导致部分群众一有问题就到纪检监察机关反映。调查数据显示,2019年1—9月,昆明市纪检监察机关接收到业务范围以外的信访举报,占信访举报总量的近30%。

业务知识不够扎实。少数信访干部不注重政策法规学习,对检举控告的受理范围拿捏不准,对各类信访举报的办理时限把握不清。有的没有正确理解"监督的再监督"工作定位,耗费大量时间和精力处理业务范围以外的信访问题,把本应属于直接责任部门的工作包揽。

## 扎实做好基层信访举报工作

加强业务培训。建设一支高素质的信访干部队伍,是做好新时期信访举报工作的前提。制订年度学习培训计划,采取分批次、以干代训的方式,组织县(市、区)纪委监委信访工作人员到市纪委监委信访室跟学,重点学习信访举报系统操作使用和信访件分流办理。强化会议和观摩培训,定期组织召开信访工作形势分析会,探索开展现场实地观摩培训,采取以会代训的方式,加强信访工作经验交流,组织学习信访政策法规和常见信访问题处理方法。

强化服务指导。注重问题梳理,对信访相关问题,加强梳理汇总,随时答疑解惑。对发现的其他问题,梳理归集形成"问题清单"。强化监督整改,对照"问题清单",逐一研究解决方案,并采取电话核实或者现场指导的方式,对整改情况进行"回头看",确保发现的问题及时归零。加强检查督促,通过信访系统对各县(市、区)上级转送件"及时签收、登记录入、分流转办、扫描存储"情况进行监督检查,结果予以通报。定期有针对性地抽取部分县(市、区),进行信访工作现场指导。

完善信访制度。建立信访工作衔接制度,对涉及多个部门的信访问题,加强与相关职能部门沟通联系,探索建立重要涉访信息共享渠道,整合资源,形成合力,切实解决群众合理合法诉求。强化信访分析研判制度,坚持信访动态"月通报、季分析、半年总结、特事特报"原则,及时对信访举报反映的重点、热点及发生在群众身边的不正之风和腐败问题进行分析研判。抓平台规范建设,优化办理流程。提速县(市、区)派驻纪检监察组和乡镇(街道)纪(工)委的信息化建设工作,为检举举报平台向基层延伸覆盖夯实网络基础,同时加强信访工作法规资料汇编,不断规范信访举报办理流程各环节,推动信访工作规范化、程序化。

督导化解矛盾。定期梳理信访突出问题,指导县(市、区)纪委监委深入细致分析研判,找准每一个突出问题的"症结"所在,坚持"一人一档""一事一策"原则,综合采取交办督办、反馈通报、群众参与、澄清正名、查处打击、直接了结等方式,把握好力度和节奏,一个难题一个难题地破解,一个问题一个问题地解决,一个矛盾一个矛盾地化解,及时完成信访突出问题的自查自纠、检查总结和建章立制等工作。

加强责任追究。在加强自身建设的同时,加大对各项工作的督办力度,对责任心不强,导致年度信访工作推进不力的单位进行蹲点指导、工作预警和通报批评;对工作出现明显失误的,加强提醒约谈;对工作中措施不到位引发重大信访问题或者造成严重不良影响的,按照规定对相关责任人严肃追责。

特约编辑：肖云祥　王　霞　胡　楠

责任编辑：鲁　静　刘松弢

美术编辑：姚　菲

责任校对：史伟伟

**图书在版编目（CIP）数据**

全面从严治党职责与实践探索．调研卷／中央纪委

　国家监委新闻传播中心主编．—北京：人民出版社，2020.8

ISBN 978 - 7 - 01 - 022081 - 9

I.①全…　II.①中…　III.①中国共产党 - 党的建设 - 研究　IV.① D26

中国版本图书馆 CIP 数据核字（2020）第 070627 号

全面从严治党职责与实践探索·调研卷

QUANMIAN CONGYAN ZHIDANG ZHIZE YU SHIJIAN TANSUO DIAOYANJUAN

中央纪委国家监委新闻传播中心　主编

**人民出版社** 出版发行

（100706　北京市东城区隆福寺街 99 号）

中煤（北京）印务有限公司印刷　新华书店经销

2020 年 8 月第 1 版　2020 年 8 月北京第 1 次印刷

开本：710 毫米 ×1000 毫米 1/16　印张：15.5

字数：237 千字

ISBN 978 - 7 - 01 - 022081 - 9　定价：39.00 元

邮购地址 100706　北京市东城区隆福寺街 99 号

人民东方图书销售中心　电话（010）65250042　65289539